JAN VAN DER VEKEN

DAS SCHIFFEBUCH

Für Stella und Egon

»Magie verbirgt sich am Horizont,
dort, wo das Meer und der Himmel sich berühren.«

Alfred Noyes – 1930

JAN VAN DER VEKEN

DAS SCHIFFEBUCH

Schiffe, Boote und ihre Geschichte

Aus dem Niederländischen
von Birgit Erdmann

GERSTENBERG

INHALT

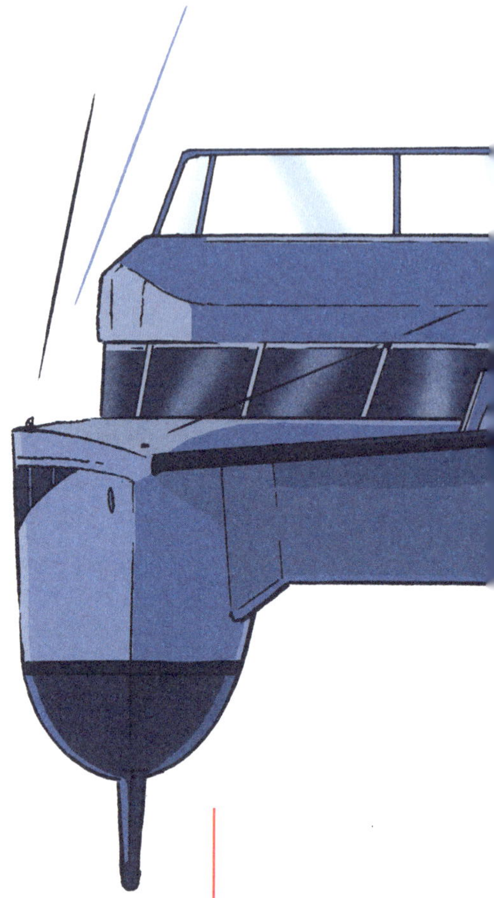

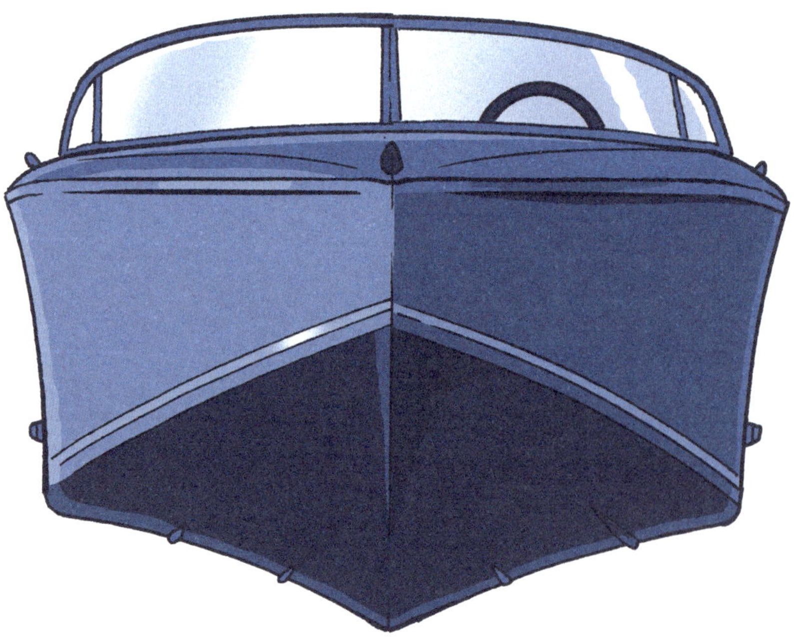

SCHIFFSTYPEN

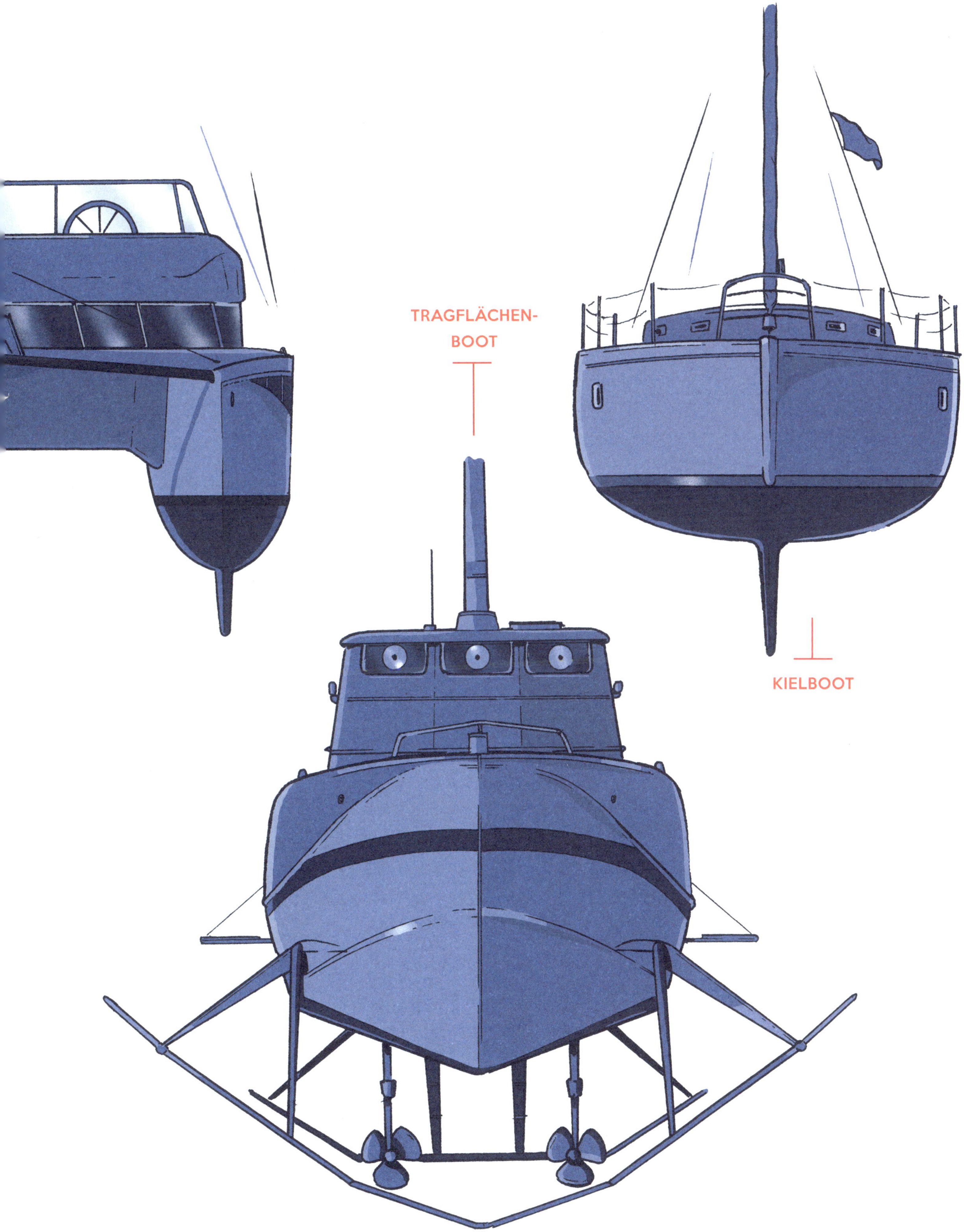
TRAGFLÄCHEN-
BOOT
KIELBOOT

SCHIFFSKONSTRUKTION

WIE SIEHT EIN SCHIFF AUS? UND WARUM?

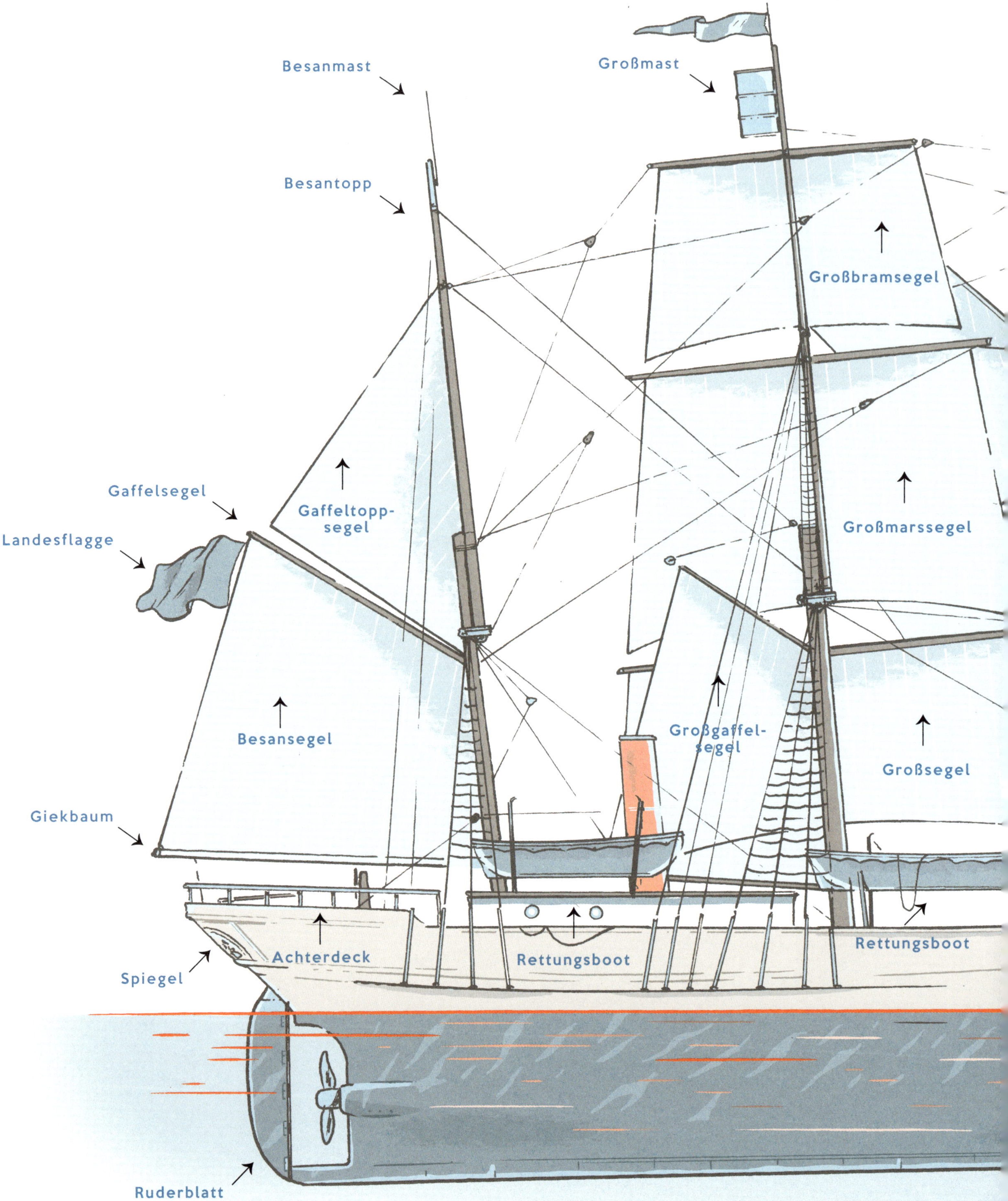
Besanmast
Großmast
Besantopp
Großbramsegel
Gaffelsegel
Gaffeltopp-
segel
Landesflagge
Großmarssegel
Besansegel
Großgaffel-
segel
Großsegel
Giekbaum
Achterdeck
Rettungsboot
Rettungsboot
Spiegel
Ruderblatt

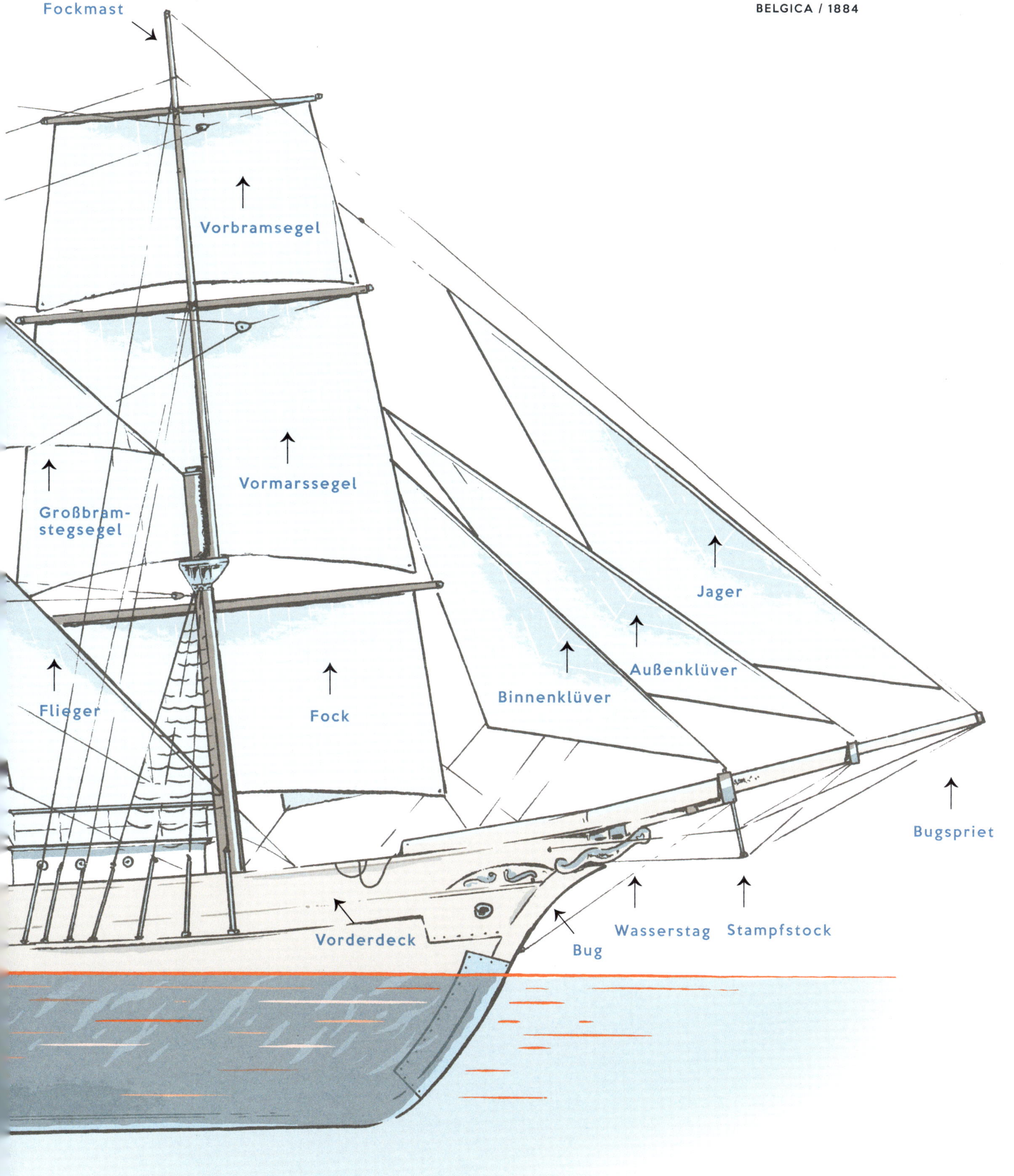
Fockmast
Vorbramsegel
Großbram-
stegsegel
Vormarssegel
Jager
Außenklüver
Binnenklüver
Flieger
Fock
Bugspriet
Vorderdeck
Wasserstag
Stampfstock
Bug

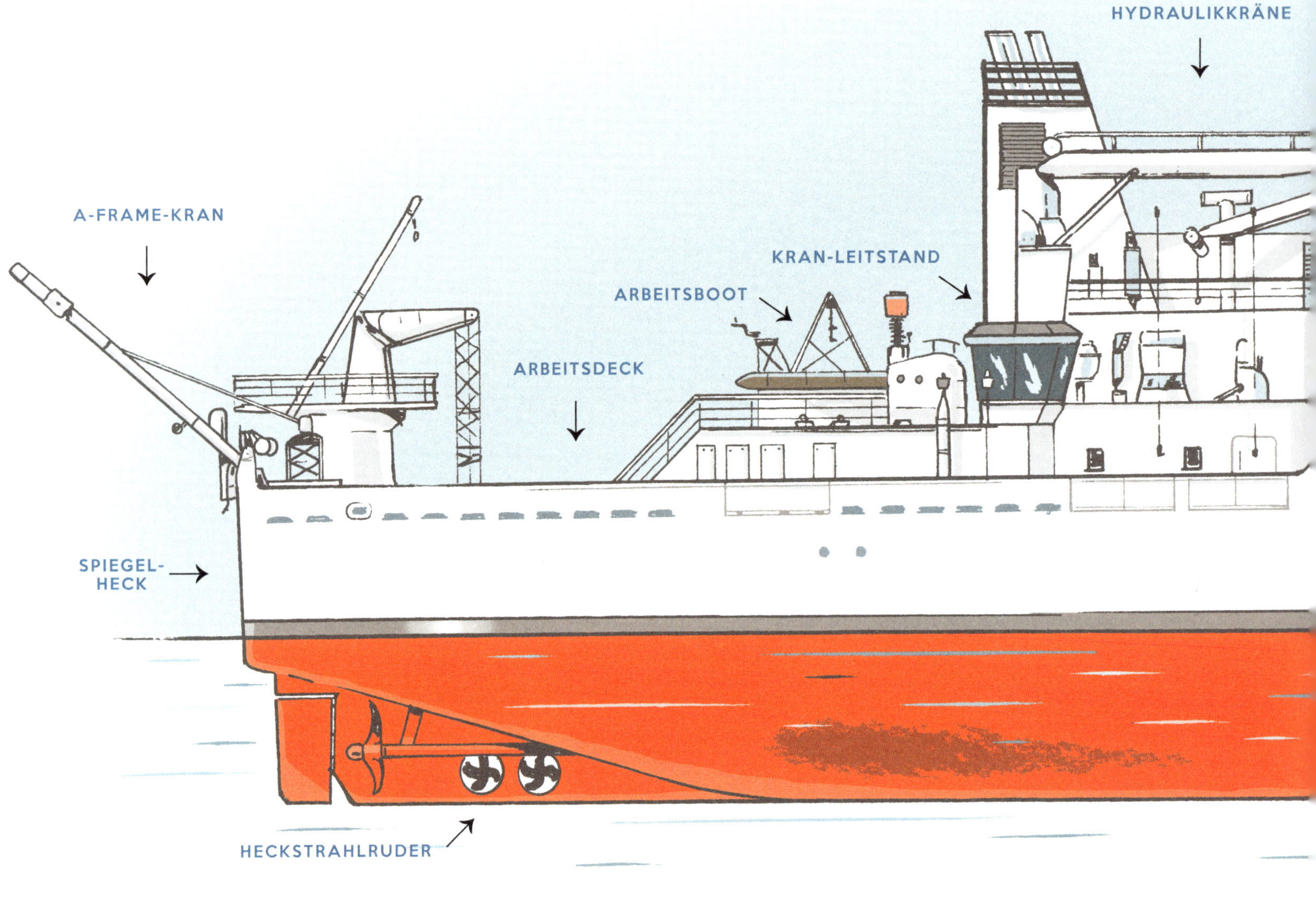

DIE BELGICA

Sie saßen fest. Am 3. März 1898 wurde die *Belgica* vom Packeis eingeschlossen. Die Matrosen an Bord wurden somit zu den ersten Überwinterern am unwirtlichen Südpol und gingen in die Geschichte ein. Um nicht zu verhungern, ernährten sie sich von Seehunden und Pinguinen. Erst nach elf Monaten gelang es der Mannschaft, das Schiff aus dem Packeis zu befreien und in die Zivilisation zurückzukehren. Trotz oder gerade wegen all dieser Widrigkeiten inspirierte die *Belgica* jede Menge Abenteurer.

In den darauffolgenden Jahrzehnten machten sich mit diesem Forschungsschiff noch 16 weitere wagemutige Männer zur Antarktis auf. Auch modernere Entdeckungsreisende nutzten in den letzten Jahrzehnten ein Schiff unter diesem Namen – 1984 wurde eine neue *Belgica* zu Wasser gelassen. Das 51 Meter lange Forschungsschiff hat einen etwa 1500 PS starken Motor und fünf Forschungslabore an Bord, in denen Wissenschaftlerinnen und Wissenschaftler von verschiedenen belgischen Universitäten

FORSCHUNGSSCHIFF

RV BELGICA / 2021

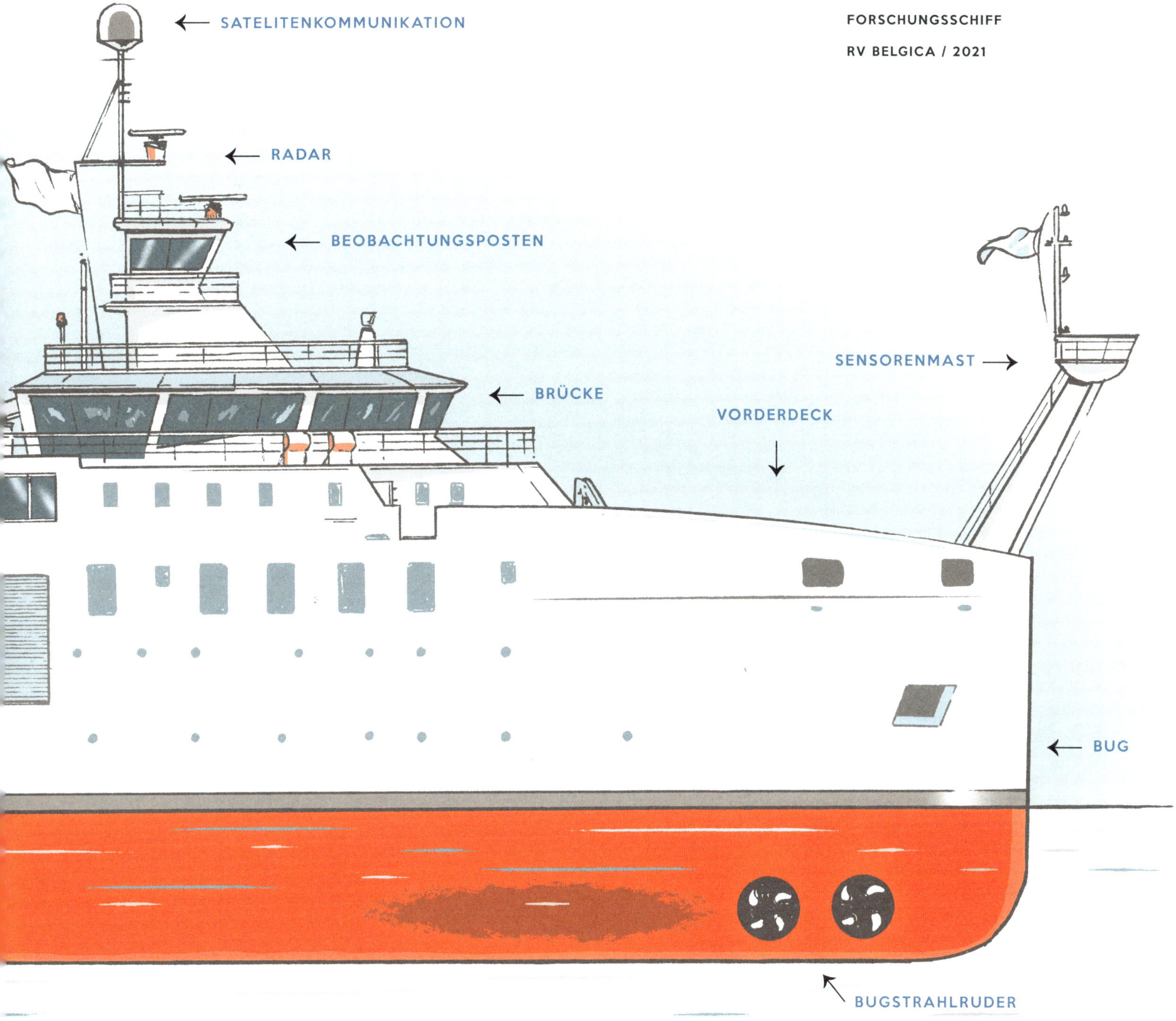

arbeiteten. Da aber auch die Kapazitäten dieses Schiffs bald nicht mehr den modernen Anforderungen genügten, wurde erneut eine hochtechnologisierte *Belgica* in Auftrag gegeben. Im Juni 2021 legte sie im Hafen von Zeebrügge an. Sie ist noch größer als ihre Vorgängerinnen, ganze 71 Meter lang und 17 Meter breit. Das stabile und leise Schiff bietet 28 Wissenschaftlerinnen und Wissenschaftlern und 12 Besatzungsmitgliedern Platz. Die *RV Belgica* kann 30 Tage lang unterwegs sein, ohne anzulegen.

An Bord gibt es Kühlräume, Hebekräne, selbstständig fahrende Fahrzeuge und Drohnen. Die acht Labore sind auf dem neuesten technischen Stand. Bis in eine Tiefe von 5000 Metern können Proben entnommen und andere Informationen gesammelt werden. Die neue *Belgica* wird Forscherinnen und Forscher bestimmt die nächsten 30 Jahre bei ihrer Arbeit unterstützen.

DIE RA-EXPEDITIONEN

Die Geschichte der Schifffahrt beginnt mit einem Floß. Das wusste auch der norwegische Anthropologe und Abenteurer Thor Heyerdahl, der mit außergewöhnlichen Expeditionen erforschen wollte, wie alte Kulturen es bewerkstelligt haben, in neue Gebiete vorzudringen und sie zu entdecken. Fasziniert von den uralten Abbildungen von Papyrusbooten mit Masten und Segeln, war er davon überzeugt, dass prähistorische Kulturen die jeweils gegenüberliegenden Küsten des Atlantik erkundet hatten und dadurch mit anderen Völkern in Kontakt gekommen waren. Heyerdahl wäre nicht Heyerdahl, wenn er nicht mit genau so einem Boot die Probe aufs Exempel gemacht hätte.

1969 baute er in der Nähe der Cheopspyramide ein Floß aus Papyrusrohr, taufte es *Ra* und ließ es nach Safi im Westen Marokkos verschiffen. Dort begann die Fahrt über den Atlantik. Die sieben-

köpfige Besatzung kam aus aller Herren Länder. Heyerdahl wollte damit ein Zeichen setzen: Alle Menschen können ungeachtet ihrer Herkunft gut miteinander auskommen. Das Boot fuhr acht harte Wochen lang 5000 Kilometer weit. Doch die Papyrusrohre saugten zu viel Wasser auf, das Floß hatte zu viel Tiefgang und Heyerdahl befürchtete, dass es sinken würde. Eine Woche, bevor er und seine Crew Barbados erreichen sollten, wurde die Expedition abgebrochen. Doch schon zehn Monate später wagte Heyerdahl erneut einen Versuch, diesmal mit der *Ra II*, einem Boot, das er von bolivianischen Ureinwohnern bauen ließ, die auf Papyrusboote spezialisiert waren. Die *Ra II* legte 6100 Kilometer in 57 Tagen zurück. Mit dieser Expedition lieferte Heyerdahl den Beweis, dass abenteuerlustige Europäer lange vor Kolumbus Amerika hätten erreichen können.

SCHIFFSBEWEGUNGEN

Ob es sich nun um ein Floß oder um einen Frachter von 100 000 Tonnen handelt, jedes Schiff macht in etwa sechs Bewegungen. Ziehen wir hier einmal ein paar imaginäre Linien durch ein Schiff. Die erste verläuft von hinten nach vorn, sie zeigt die Fahrtrichtung des Schiffs an. Diese Bewegung ist schlicht das Vorwärts - oder Rückwärtsfahren. Wenn sich ein Schiff um diese imaginäre Linie bewegt, bezeichnet man das als »rollen«. Ein Schiff, das kentert, vollführt eine übermäßige Rollbewegung.

Die zweite Linie verläuft von Steuerbord, der rechten Schiffsseite, zur linken Backbordseite, also 90 Grad zur Fahrtrichtung. Bewegt sich ein Schiff entlang dieser Achse nach Steuerbord oder Backbord, nennt man das »versetzen«. Das passiert zum Beispiel, wenn der Wind ein Schiff zur Seite drückt.

Das Schiff kann sich auch rund um diese imaginäre Linie drehen, das bezeichnet man als »stampfen«. Bei hohem Wellengang hebt sich vor allem der Bug stark und fällt dann wieder ab. Stampfen kann Seekrankheit auslösen, und weil dieser Effekt am Bug größer ist, befinden sich die Kajüten meist im hinteren Teil des Schiffs. Die letzte imaginäre Linie verläuft von oben, in der Luft, nach unten, direkt ins Wasser. Ein Schiff kann sich entlang dieser Linie auf und ab bewegen, man denke nur an ein schaukelndes Boot. Man bezeichnet dies als »dümpeln« oder »schaukeln«. Und wenn sich ein Schiff um diese Achse dreht, nennt man das »gieren«. Wirft der Kapitän den Anker aus, kann ein Schiff auch um den Anker gieren, verursacht durch den Wind oder die Strömung. Um dies zu verhindern, wird manchmal ein zweiter Anker eingesetzt.

DIE LEGENDÄREN RIVA-BOOTE

Die Geschichte der kultigen Riva-Motorboote aus Holz begann 1842, als ein Sturm die Fischerboote auf dem Iseosee in Italien beschädigte. Ein junger Bootsbauer arbeitete Tag und Nacht und erntete großes Lob für seine außerordentlichen Reparaturarbeiten. Dieser junge Mann war Pietro Riva. In der italienischen Gemeinde Sarnico baute er eine kleine Bootswerft auf. Wegen ihrer Wendigkeit und des herausragenden Designs waren die ersten Riva-Boote bald in aller Munde. Pietros Sohn Ernesto kam auf die Idee, einen Innenbordmotor zu installieren. Nach dem Ersten Weltkrieg wurden Vergnügungsjachten immer beliebter, sodass auch Pietros Sohn Serafino bei dem florierenden Familienbetrieb mitarbeitete. Langsam, aber unaufhörlich spezialisierte Riva sich auf blitzschnelle Luxusjachten. Carlo, Pietros Urenkel, lancierte 1962 das Paradestück, die *Riva Aquarama*. Es sollte das

letzte Riva-Modell mit einem Holzrumpf sein und wurde gern auch »der Ferrari unter den Rennbooten« genannt. Vom Typ *Super Aquarama* wurden insgesamt 203 Stück gebaut. In jedem Riva-Boot steckten über 3000 Arbeitsstunden. Die Mahagoni-beplankung und die weiß-türkise Innenausstattung waren auf der ganzen Welt bei den Reichen und Schönen heiß begehrt. Berühmtheiten wie die Schauspielerinnen Brigitte Bardot und Elizabeth Taylor sowie König Hussein von Jordanien legten sich solch ein Boot zu. Der Autohersteller Ferruccio Lamborghini ließ sich sein Boot mit zwei Zwölfzylindermotoren ausstatten, wie sie auch seine Sportwagen antrieben. Die Firma Riva gibt es noch immer. Die neuen Riva-Boote werden heute aus Kunstharz und Glasfaser gebaut und sind zwischen acht und 50 Meter lang.

WIESO SCHWIMMT EIN SCHIFF?

Die größten Schiffe der Welt wiegen Hunderttausende von Tonnen und werden von der Schwerkraft ins Wasser gezogen. Und dennoch landen die meisten nicht auf dem Meeresgrund. Warum? Die Erklärung führt uns ins antike Griechenland. 250 v. Chr., also lange vor der Erfindung der riesigen Frachtschiffe, erforschte der Mathematiker Archimedes schwimmende und sinkende Objekte.

Er kam zu dem Schluss, dass jeder Körper, den man ganz oder teilweise in eine Flüssigkeit eintaucht, einer Kraft ausgesetzt ist, die den Gegenstand nach oben drückt: der Auftriebskraft. Sie ist gleich dem Gewicht der verdrängten Flüssigkeit. Legt man beispielsweise ein Stück Knete in einen Eimer Wasser, verdrängt es das Wasser. Der Wasserspiegel steigt, die Knete sinkt. Sie könnte aber durch eine Kraft nach oben gedrückt werden, die dem Ge-

wicht des verdrängten Wassers entspricht. Doch das gelingt nicht, weil das Gewicht der Knete größer ist. Nach Archimedes bleibt ein Objekt schwimmfähig, solange das Gewicht des verdrängten Wassers dem Gewicht des Objekts entspricht.
Wie stellt man es an, ein Stück Knete schwimmen zu lassen? Ganz einfach, die Knete muss leichter werden, aber dennoch schwer genug, damit sie die gleiche Menge Wasser verdrängt.

Dazu höhlt man die Knete aus und formt sie wie einen Schiffsrumpf. So wird das Volumen vergrößert und mehr Wasser verdrängt.
Wenn Knetestücke schwimmen können, versteht man auch, wie Schiffe funktionieren. Sie sind zwar oft aus Metall, aber innen hohl. Auf diese Weise verdrängen sie mehr Wasser, als sie selbst wiegen.

DER BERNOULLI-EFFEKT

Am 6. März 1987 verließ die *MS Herald of Free Enterprise* den Hafen von Zeebrügge. Die britische Fähre machte sich auf den Weg nach Dover, mit an Bord waren 459 Passagiere, darunter viele britische Tagestouristen. Die drei Autodecks waren voll beladen. Die Fähre war noch keine zwei Minuten ausgelaufen, als die Passagiere einen heftigen Ruck verspürten. Das Schiff neigte sich um 30 Grad nach Backbord, kam noch einmal kurz ins Gleichgewicht, federte jedoch gleich wieder nach Backbord zurück und kenterte. Eiskaltes Wasser strömte rasend schnell ins Schiffsinnere. Die Menschen saßen in der Falle. Rettungshubschrauber und Schiffe in der Nähe kamen zu Hilfe, Taucher suchten das Wrack nach Überlebenden ab. Die Fähre lag zwar auf einer Sandbank, war aber nicht auf sie aufgelaufen. Die Ursache des Unglücks war eine Aneinanderreihung von fatalen Ereignissen. Die Bugklappen, über die die Autos in den Schiffsbauch fuhren, waren nicht vollständig geschlossen worden, außerdem

war die Fähre mit zu viel Tiefgang durch das nicht sehr tiefe Wasser gefahren.
Fährt ein Schiff in seichtem Wasser, trifft das Wasser zwischen Rumpf und Meeresgrund auf großen Widerstand. Dadurch entsteht ein niedriger Wasserdruck, der das Schiff noch tiefer ins Wasser zieht, der sogenannte »Bernoulli-Effekt«. Als die *Herald of Free Enterprise* auf 18 Knoten beschleunigte, türmte sich die Welle vor dem Bug vier Meter hoch auf. 2000 Liter Wasser pro Sekunde strömten in den Laderaum. Die Fähre begann unkontrolliert zu schwanken, was durch das schwappende Wasser an Bord noch verstärkt wurde. Die Katastrophe forderte 193 Menschenleben. Seit diesem Unglück zeigen Sensoren und Kameras an, wenn die Bugtüren nicht richtig geschlossen sind.

DIE SCHIFFSSCHRAUBE

Bereits seit 945 v. Chr. kommen Schiffsschrauben zum Einsatz, und auch Leonardo da Vinci hatte Skizzen von Propellern gemacht, die Dampfmaschinen hätten antreiben können – lange bevor es diese überhaupt gab. Eine Schraube besteht aus einer Nabe und einer Achse mit mindestens zwei schräg angebrachten Blättern. Man kann die Schiffsschraube mit einem Ventilator vergleichen, nur wirbelt sie Wasser und nicht Luft herum. Weil die Schraube damit Wasser verdrängt, erhöht sich der Druck im hinteren Teil des Schiffs und es bewegt sich vorwärts. Die größten Schrauben befinden sich übrigens an Container- und Kreuzfahrtschiffen. Sie liegen tief im Wasser, was großen Druck verursacht. Ihre Schrauben haben einen Durchmesser von bis zu zehn Metern und wiegen gut 100 Tonnen.
Große Schrauben werden in der Regel aus Bronze gegossen,

kleinere mittlerweile von 3D-Druckern hergestellt. Einige Schiffsschrauben laufen mit konstanter Geschwindigkeit, aber wenn das Schiff beschleunigen muss, kann der Kapitän den Winkel der Blätter vergrößern. Dadurch wird das Wasser mit mehr Kraft durch die Schraube gepresst.

Bei Schrauben, die nicht verstellbar sind, bestimmt die Drehzahl, wie schnell das Schiff fährt. Wenn man eine Schraube in die entgegengesetzte Richtung dreht, kann das Schiff sogar rückwärtsfahren. Um besser steuern zu können, haben manche Schiffe mehrere Schrauben. Muss das Schiff schnell die Richtung ändern, kann der Steuermann die Drehrichtung der Schraube umkehren. Soll eine Seite des Schiffs rückwärts- und die andere vorwärtsfahren, giert das Schiff um seine Achse.

SCHLINGERKIELE

Wer Zeichentrickfilme liebt, weiß es längst: Wenn man auf einen Baumstamm klettert, der im Wasser treibt, beginnt dieser, sich zu drehen, und man rennt immerzu auf der gleichen Stelle weiter. Ein Schiff mit einem runden Rumpf neigt auch zum Rollen. Schiffbauingenieure kamen bald dahinter, dass eine spezielle Art von Flosse diesem Effekt entgegenwirken kann. Man nennt solche Flossen Schlingerkiele oder auf Englisch »bilge keels«.

Schlingerkiele sind Platten, die wie Flossen an den Rumpf geschweißt werden. Sie sind oft fast so lang wie der Rumpf selbst, und in der Regel befinden sich solche Kiele sowohl auf der Steuerbord- als auch auf der Backbordseite. Normalerweise liegen die Schlingerkiele unter Wasser. Will ein Schiff nach Backbord fahren, schiebt der Steuerbordkiel das Wasser oberhalb des Kiels aus dem Weg. Dadurch wird das Rollen erschwert und das

Schiff bleibt insgesamt stabiler. Die Schlingerkiele bewegen sich nicht von selbst, es sind passive Stabilisatoren. Ein glattes, rundes Schiff gleitet leicht durch das Wasser. Aber Schlingerkiele erzeugen immer Widerstand und stören die Stromlinienförmigkeit ein wenig. Bei großen Schiffen wie Tankern oder Frachtschiffen werden diese Kiele so weit unten wie möglich an den Seiten des Schiffs angebracht, um die Stromlinienform am wenigsten zu beeinträchtigen. Fischer- und Segelboote haben fast immer Kimmkiele, beidseitig der Mittelschiffslinie angebrachte kurze Kielflossen. Dort haben sie einen zusätzlichen Vorteil, denn manchmal legen Boote nämlich an Stellen an, an denen der Wasserstand bei Flut hoch ist, bei Ebbe aber nicht. Wenn also kein Wasser mehr da ist, bekommt das betreffende Boot »Füße«, mit denen es auf dem Grund steht, bis das Wasser wieder steigt.

DIE TRIESTE

Am 23. Januar 1960 konnten die Fische in der Tiefsee ihren Augen kaum trauen. Ein 14 Tonnen schweres U-Boot mit einer Metallkugel sank langsam in die pechschwarzen und eisigen Tiefen des Pazifik. Im Inneren der Kugel befanden sich zwei wagemutige Abenteurer: Leutnant Don Walsh und Ingenieur Jacques Piccard. Ihre Mission war es, den Grund des Marianengrabens in fast 11 000 Meter Tiefe zu erreichen. Als das Sonnenlicht schwächer wurde, sahen die beiden Forscher durch das Fenster leuchtende Unterwasserwesen, die wie aufsteigende Schneeflocken aussahen. Die Kugel hatte eine zwölf Zentimeter dicke Metallwand und war am Tauch-U-Boot *Trieste* angebracht. Über der Kugel hing ein mit Petroleum gefüllter Ballon. Da Petroleum leichter ist als Wasser, sorgte der Ballon für die nötige Schwimmfähigkeit. Zwei mit Metallkugeln gefüllte Behälter

sorgten wiederum für zusätzliches Gewicht, wodurch die *Trieste* sinken konnte. Mithilfe von Elektromagneten konnte die Besatzung die Kugeln umleiten und so entscheiden, ob die *Trieste* weiter sinken oder aufsteigen sollte. Das geniale U-Boot wurde von dem Ballonfahrer Auguste Piccard, Jacques' Vater, entwickelt. Er hatte zuvor in einem Heliumballon eine Rekordhöhe von 23 000 Metern erreicht und erkannt, dass ein Ballon auch für die Tiefseeforschung eingesetzt werden könnte. Die *Trieste* blieb 20 Minuten lang auf dem Meeresgrund. Trotz des enormen Wasserdrucks konnte die Besatzung beobachten, dass selbst in dieser Tiefe noch Fische lebten. Als die *Trieste* wieder auftauchte, wurden die beiden Abenteurer wie Helden empfangen. 52 Jahre sollten vergehen, bis ein Mensch noch einmal diese Tiefe erreichte.

DIE NAUTILUS VON JULES VERNE

U-Boote sind auch in fiktionalen Geschichten beliebt, wie in dem Science-Fiction-Klassiker *20 000 Meilen unter dem Meer* des französischen Schriftstellers Jules Verne aus dem Jahr 1870. Verne ließ sich bei seinem Buch von den ersten U-Booten inspirieren, einer Technologie, mit der zu jener Zeit viel experimentiert wurde.

Als ein geheimnisvolles Seeungeheuer immer wieder auf Schiffe losgeht, machen sich drei Männer auf, um es zu besiegen. Doch auch sie werden angegriffen. Das Seeungeheuer entpuppt sich als ein großes U-Boot: Kapitän Nemos *Nautilus*. Und so reisen die drei Männer 20 000 Meilen unter dem Meer in ein Abenteuer.

Die *Nautilus* von Jules Verne erzeugte durch den Temperaturunterschied des Wassers in verschiedenen Tiefen Energie. Auf

dieses Prinzip wird auch heute noch in manchen Elektrizitätswerken gesetzt. Warmes Wasser erwärmt an der Meeresoberfläche eine Flüssigkeit, die verdampft und eine Dampfturbine antreibt. Dann wird die Flüssigkeit durch kaltes Wasser aus der Tiefsee abgekühlt, das sich ebenfalls erwärmt und verdunstet. Jules Verne hat in seinem Buch eine präzise Zukunftsvision von U-Booten beschrieben. Und in der Tat glitt 1958 ein 100 Meter langes Atom-U-Boot unter das 15 Meter dicke Eis der Arktis. Das U-Boot navigierte zwischen tiefen Eisschollen und legte dabei 2940 Kilometer am Stück zurück. Es war das erste Mal, dass ein Schiff unter dem arktischen Eis hindurchfuhr.
Die Route wurde zu einer neuen Unterwasserautobahn zwischen Russland und Amerika. Und der Name des Atom-U-Boots? *USS Nautilus*.

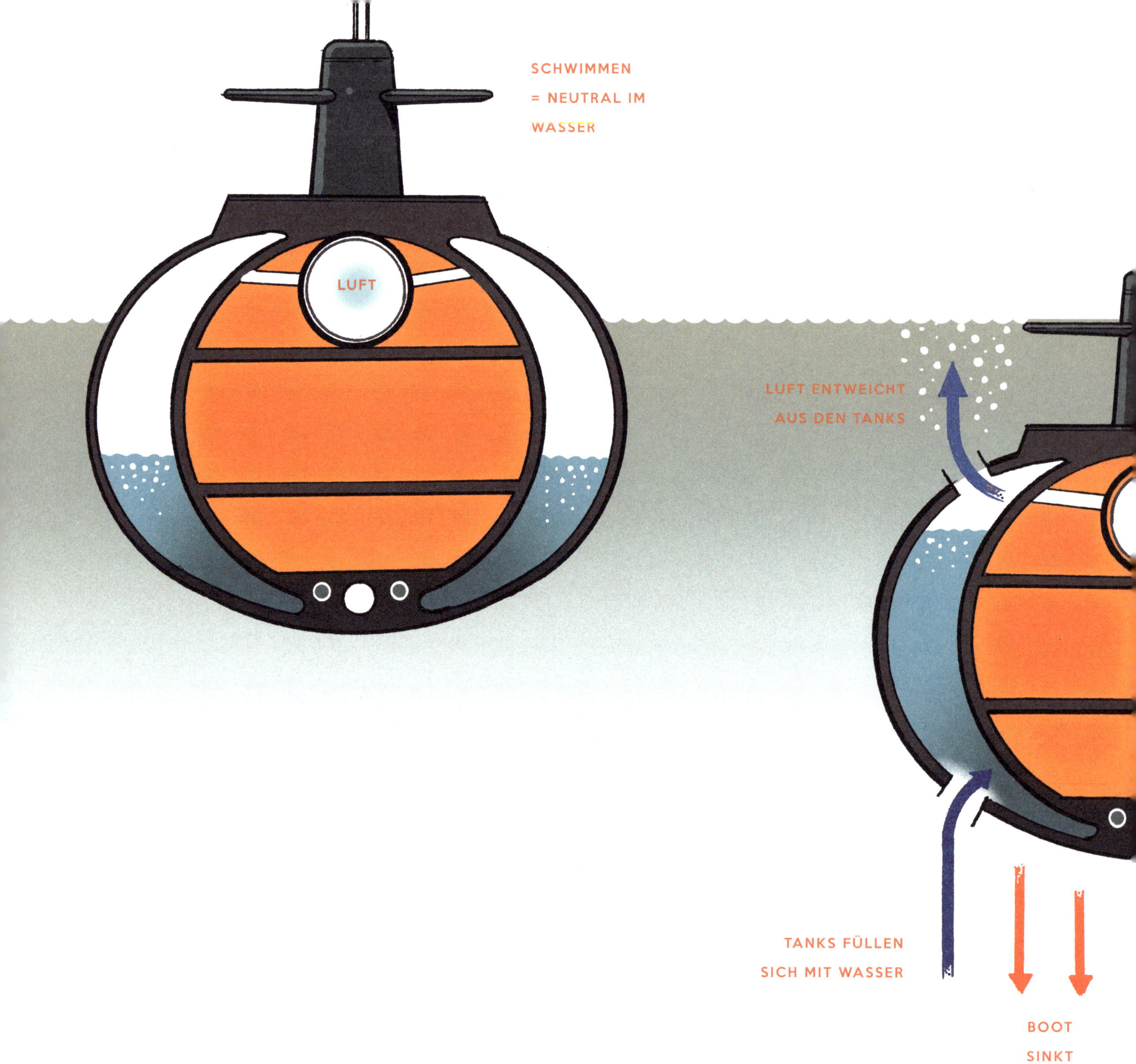

WARUM KANN EIN U-BOOT TAUCHEN?

Wir wissen, dass Schiffe schwimmen, wenn sie weniger als das Wasser wiegen, das sie verdrängen. Genau die gleiche Regel gilt für Schiffe, die absichtlich sinken wollen. Ein U-Boot taucht tiefer, wenn es schwer genug ist oder wenn es weniger Wasser verdrängt. Will man einen Ballon zum Sinken bringen, kann man entweder einen schweren Ziegelstein an ihm festbinden oder einen kleineren Ziegelstein und zugleich etwas Luft aus dem Ballon lassen. Ein Bathyskaph wie die *Trieste* – ein speziell für die Tiefseeforschung gebautes U-Boot – entlädt den Ballast und wird leichter, doch die meisten U-Boote verwenden die andere Variante. Sie haben Kammern, in die Wasser fließen kann. Dieses Wasser wird nicht mehr weggedrückt und das U-Boot sinkt in die Tiefe. Ein U-Boot in einer bestimmten Tiefe fahren zu lassen ist gar nicht so einfach. In großen Tiefen kann der hohe Wasser-

SINKEN =
SCHWERER ALS DAS
WASSER

AUFSTEIGEN =
LEICHTER ALS DAS
WASSER

druck das U-Boot zusammendrücken und es etwas kleiner machen. Infolgedessen verdrängt es weniger Wasser und sinkt. In großen Tiefen ist das Wasser salziger, die Wasserdichte nimmt zu und das U-Boot steigt wieder auf.
Um den Bug auszurichten, wird Wasser zwischen den Wassertanks im vorderen und hinteren Teil des U-Boots hin- und hergepumpt. Das schwerere Ende sinkt tiefer. Das erste Unterwasserfahrzeug wurde 1620 gebaut, ein mit Leder überzogenes Holzruderboot. Wie gewöhnliche Schiffe haben auch moderne U-Boote Schiffsschrauben. Angetrieben wurden die U-Boote früher von Dampfmaschinen, doch wurden diese später durch Elektromotoren mit einer Stromversorgung aus Batterien und Verbrennungsmotoren ersetzt. Seit den 1950er-Jahren ist Dampf wieder beliebt, allerdings wird er nun durch Kernkraft erzeugt.

UNTER DEM POLAREIS

Vielen jagt schon der Gedanke an eine Metallröhre tief unter der Wasseroberfläche kalte Schauer über den Rücken. Aber wie ist es dann erst mit der Vorstellung eines U-Bootes, das unter 15 Meter dickem Eis entlangfährt? Die 81 Meter lange *USS Skate* schaffte genau das: Das amerikanische U-Boot erreichte am 11. August 1958 als zweites Schiff den Nordpol (das erste war die *USS Nautilus*), nachdem es erst Häfen in Norwegen, in den Niederlanden, Belgien und Frankreich angefahren hatte. Auftauchen konnte es diesmal jedoch noch nicht. Dies gelang erst bei der zweiten Fahrt, und zwar am 17. März 1959. Damit war die *USS Skate* zwar nicht das erste Schiff am Nordpol, doch sie schaffte es, als erstes durch das Polareis zu brechen. Die Besat-

zung verließ daraufhin sogar das Boot. Wie es die Tradition verlangte, hisste sie im Eis die amerikanische Flagge. Dann wurde die Asche des berühmten Polarforschers Hubert Wilkins feierlich verstreut. Die *USS Skate* wurde mit Kernenergie angetrieben. Solche Atom-U-Boote sind lauter als Boote mit Verbrennungsmotoren, zudem sind sie im Allgemeinen größer. Beides ist nicht gerade erstrebenswert, zum Beispiel in Kriegszeiten, wenn man unter dem Radar bleiben will. Kernenergie hat aber auch Vorteile. Man benötigt viel weniger Treibstoff als bei Dieselgeneratoren, kann schneller und weiter fahren und das Eis mit größerer Kraft durchbrechen. Solche U-Boote müssen außerdem zum Tanken nicht auftauchen.

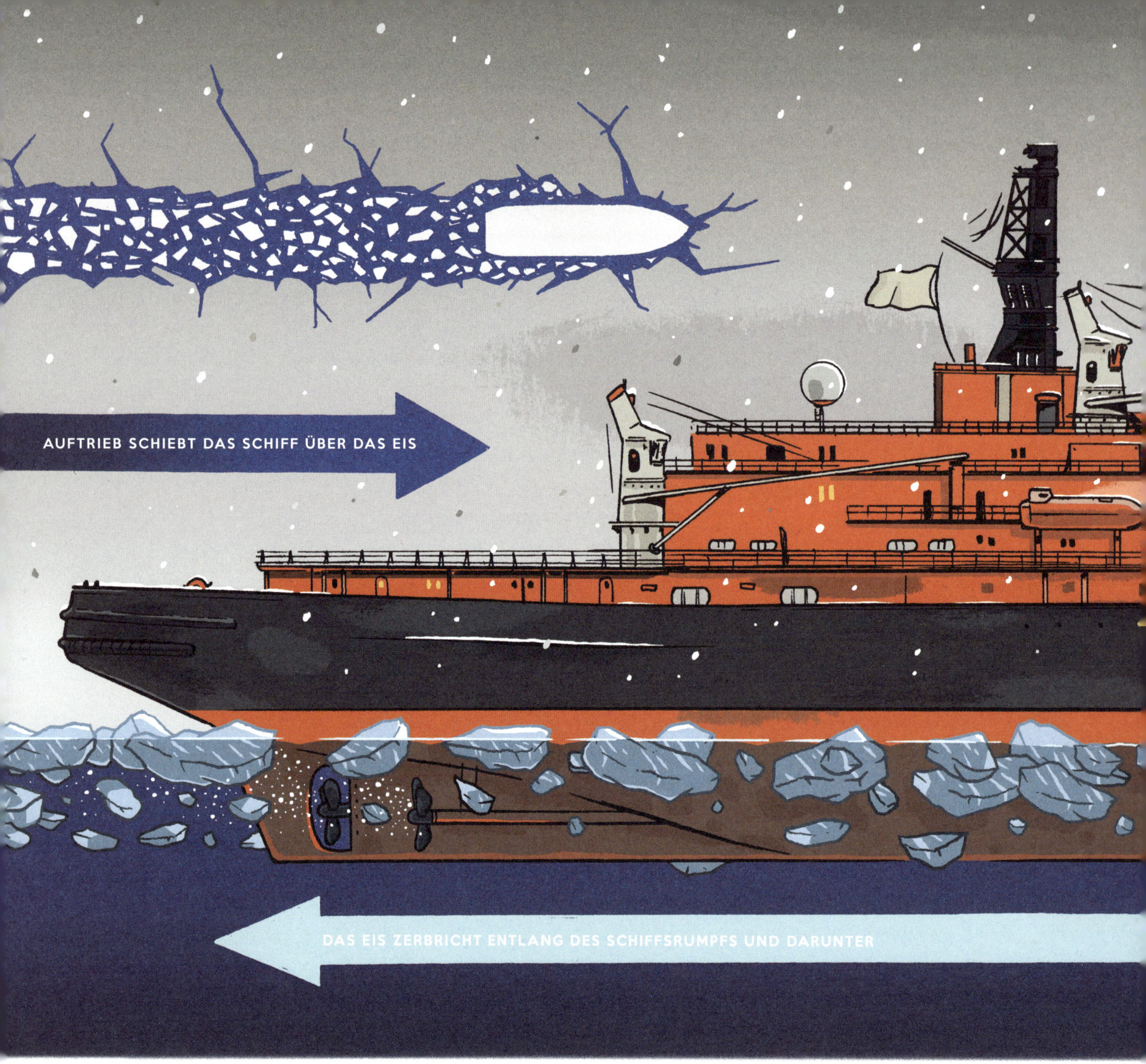

WIE FUNKTIONIERT EIN EISBRECHER?

Etwa sechseinhalb Prozent der Weltmeere besteht aus Meereis. Es reflektiert das Sonnenlicht und hält den Planeten kühl. Für Schiffe waren diese Gegenden lange unpassierbar, bis 1383 in den Kanälen von Brügge die ersten Eisbrecher eingesetzt wurden. Sie machen den Weg für andere Schiffe frei. Kleine Eisbrecher erreichen dies, indem sie ständig gegen das Eis stoßen. Moderne Polareisbrecher fahren jedoch einfach mit dem Bug darüber hinweg. Da Eis nicht sehr elastisch ist, bricht es unter dem großen Gewicht. Normalerweise ist der Bug eines Eisbrechers im Unterwasserschiffsbereich flach aufsteigend, um besser zu gleiten.

Wenn das Eis also bricht, treiben die bis zu sechs Meter dicken Stücke unter dem Rumpf entlang. Bug und Heck des Schiffes sind verstärkt, um sowohl beim Vorwärts- als auch beim Rückwärts-

fahren die gewaltigen Eismassen brechen zu können. An der Wasserlinie ist der Rumpf einen halben Meter dick. Da Eisbrecher ständig gegen und über das Eis fahren, haben sie extrem starke Motoren. Nach dem Zweiten Weltkrieg wurden diese Motoren von Dampf- auf Dieselmotoren umgestellt. Die allerstärksten sind aus russischer Produktion. Heute werden einige Eisbrecher immer noch von Dieselmotoren mit bis zu 48 000 PS angetrieben. Eisbrecher kommen aber nicht nur zum Einsatz, um das Eis an den Polen zu brechen. Wie in Brügge brechen Boote auch das Eis auf Flüssen und Häfen, damit Schiffe passieren können, Rettungsdienste vor Ort eintreffen oder Feuerlöscherboote vom Wasser aus eingesetzt werden können. Sogar Luftkissenfahrzeuge können mit dem abwärts gerichteten Luftstrom, der ein Hovercraft gleiten lässt, Eis brechen.

DIE ARKTIKA

Es gibt auch Eisbrecher, die wie einige U-Boote mit Kernenergie betrieben werden. Am bekanntesten ist die *Arktika*-Klasse. Jahrelang war diese russische Eisbrecherflotte die stärkste ihrer Art. Die erste *Arktika* trotzte ab 1975 dem arktischen Eis. Die Leistungsfähigkeit des Schiffs zeigte sich 1977, als es als erstes Überwasserschiff den Nordpol erreichte. Nach diesem Erfolg wurden fünf weitere *Arktika*-Eisbrecher gebaut. Keine leichte Aufgabe. Eine *Arktika* hat einen Doppelboden. Der Zwischenraum dient als Ballasttank, in dem Wasser hin- und hergepumpt wird, um das Schiff in Balance zu halten. Die Front ist mit Stahlplatten von einem halben Meter Dicke verstärkt. Der Bug hat eine gebogene Form, die das Eis besser durchbricht als ein gerader Vorsteven. Heißer Dampf wird unter der Wasseroberfläche aus dem Schiff geblasen, um das Eis zu schmelzen. So ein Atom-

eisbrecher bricht bis zu fünf Meter dickes Eis. Anstelle von 100 Tonnen Diesel verbraucht ein *Arktika*-Schiff nur 200 Gramm Treibstoff pro Tag und muss nur selten ankern. Jedes Schiff der *Arktika*-Klasse verfügt über zwei Kernreaktoren mit einem Gewicht von je 160 Tonnen und einer Maschinenleistung von 80 000 PS. In dem Reaktor wird Uran gespalten. Die erzeugte Wärme verwandelt Wasser in Dampf, der die Dampfturbinen am Laufen hält. Die Schiffe der *Arktika*-Klasse werden auch heute noch zur Schaffung von eisfreien Schifffahrtswegen für Handelsschiffe, aber auch für Forschungsmissionen und sogar für den Polartourismus eingesetzt.

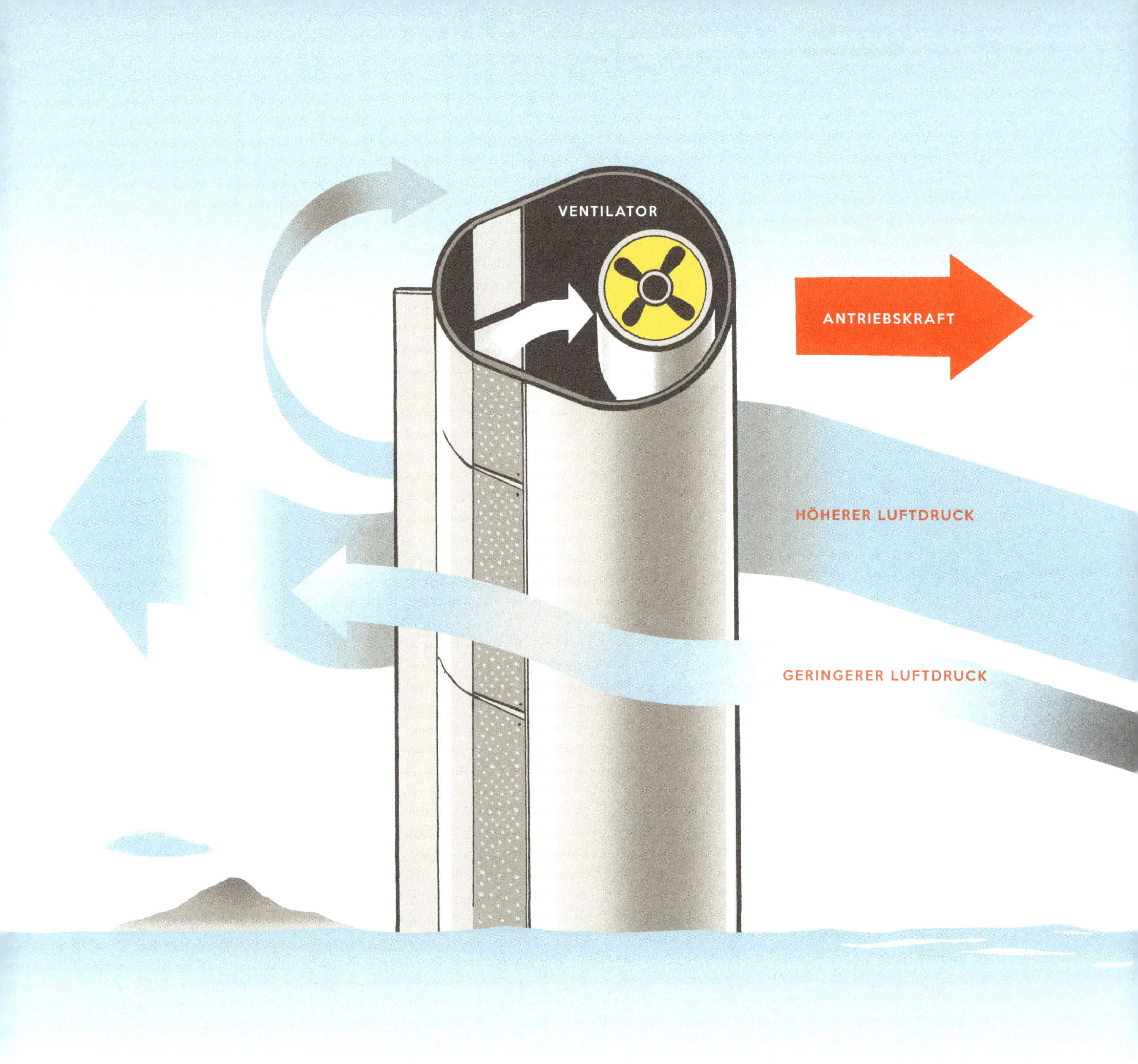

DIE ALCYONE

Wenn man zum ersten Mal segelt, wird man nach dem Törn wahrscheinlich ziemlich kaputt sein. Je nach Wind oder Ausrichtung des Bootes muss man ständig die Position des Segels anpassen. Zudem sind herumschwingende Segel recht gefährlich für die Segelmannschaft.

Große Frachtschiffe haben immer noch umweltschädliche Motoren. Der französische Meeresforscher Jacques-Yves Cousteau wollte das Anfang der 1980er-Jahre ändern und entwickelte mit einem Team von Ingenieuren das »Turbosegel«. Dieses außergewöhnliche Segel ist ein aufrechter Zylinder, der einem Flugzeugflügel ähnelt. Wenn der Wind daran entlangströmt, erhöht sich der Druck auf der Seite, die dem Wind am stärksten ausgesetzt ist. Auf der anderen Seite ist es windstill und der Luftdruck viel geringer. Ein Gebläse am oberen Ende des Zylinders saugt Luft durch seitliche Löcher in das Segel. Geschieht dies auf der windstillen Seite mit niedrigem Luftdruck, wird der Druck dort

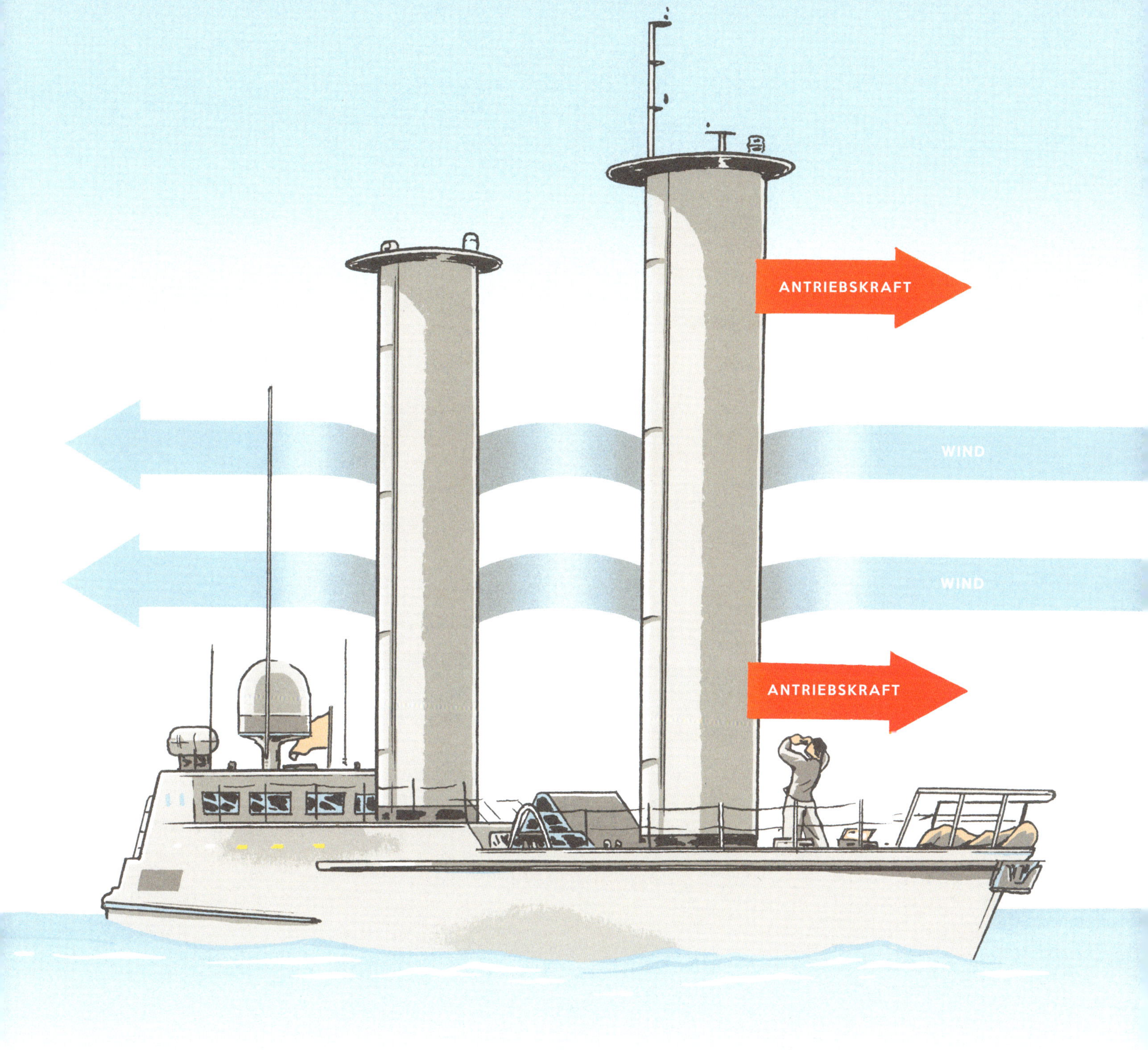

noch weiter reduziert. Der Zylinder hat außerdem eine bewegliche Klappe an der Rückseite. Sie sorgt dafür, dass der Wind auf der anderen Seite eine größere Strecke zurücklegen muss, was dort wiederum den Druck erhöht. Der Druckunterschied führt dazu, dass sich das Schiff vorwärtsbewegt. Je größer der Unterschied ist, desto stärker ist die Schubkraft. Cousteau baute sein Segelschiff mit zwei Turbosegeln und nannte es nach der Tochter des altgriechischen Gottes des Windes *Alcyone*. Bei Windstille übernimmt ein konventioneller Motor den Antrieb so lange, bis der Wind wieder auffrischt.

Die Turbosegel werden heutzutage immer beliebter. In Zukunft könnten sie dafür sorgen, dass Frachtschiffe bis zu 15 Prozent weniger Treibstoff verbrauchen. Auch bereits in Fahrt befindliche Frachtschiffe können mit Turbosegeln ausgestattet werden.

DIE CALYPSO

Manchmal werden Schiffe im Laufe ihres Lebens umfunktioniert wie die *Calypso*. Ursprünglich war dieses Schiff aus Kiefernholz ein amerikanisches Minensuchboot, das seit 1942 im Mittelmeer für Großbritannien eingesetzt wurde. 1947 erhielt die US-Marine das Schiff zurück. Zwei Jahre später wurde es verkauft und nach der griechischen Halbgöttin *Calypso* benannt. Sie diente kurzzeitig als Fähre und wurde dann an den britischen Millionär Thomas Guinness verkauft. Der stellte es Anfang der 1950er-Jahre dem Entdecker und Meeresforscher Jacques-Yves Cousteau gegen einen symbolischen Preis von einem französischen Franc pro Jahr zur Verfügung. Das Schiff wurde zu einem schwimmenden Labor für Tauchgänge, Dokumentarfilme und Meeresforschung umgebaut. Es war mit Forschungsgeräten ausgestattet, unter anderem mit einem U-Boot und Unterwasser-Scootern. An Deck

konnte ein Hubschrauber landen, und im bauchigen Vorbau, drei Meter unter der Wasserlinie, wurde ein Beobachtungsraum eingerichtet. Durch acht Fenster blickten die Forschenden direkt in die Unterwasserwelt. Dank der *Calypso* konnten Cousteau und sein Team das Leben in den Korallenriffen des Roten Meeres dokumentieren und alte Schiffswracks untersuchen.
1996 stieß im Hafen von Singapur ein Lastkahn mit der *Calypso* zusammen. Das Schiff sank und wurde 17 Tage später geborgen. Erst 2006 konnte die Cousteau Society unter der Leitung von Cousteaus Witwe das Schiff kaufen. Diesmal für einen symbolischen Preis von einem Euro. 2016 kündigte die Cousteau Society an, dass das Schiff wieder in Betrieb genommen werden könnte, wenn es neue Motoren erhält. Die Restaurierungsarbeiten dauern bis heute an.

WIE FUNKTIONIERT EIN TRAGFLÄCHENBOOT?

Ein Schiff muss mit vielen Kräften fertig werden, vor allem, wenn der Rumpf tief im Wasser liegt und das Schiff schnell vorwärtskommen soll. Durch Reibung und das Verdrängen von Wasser wird das Schiff langsamer. Was aber geschieht, wenn der Rumpf über dem Wasser liegt? Dann ist der Widerstand geringer, weil das Schiff weniger Wasser verdrängt, schneller ist und viel weniger Treibstoff verbraucht. Diese Überlegung inspirierte Ingenieurinnen und Ingenieure zur Entwicklung des Tragflächenboots. Ein Tragflächenboot hat Flügel, die unter Wasser liegen. Die Unterwasserflügel funktionieren auf die gleiche Weise wie Flugzeugflügel. Wenn Wasser am Flügel entlangfließt, ändert es leicht seine Richtung und wird nach unten gedrückt. Nach dem

dritten Newtonschen Gesetz übt das Wasser eine ebenso große Kraft auf den Flügel aus, allerdings in entgegengesetzter Richtung. Dadurch werden der Flügel und alles, was an ihm befestigt ist, nach oben gedrückt. Die gewölbte Oberseite des Flügels lenkt das Wasser noch stärker nach unten ab.
Und genau das passiert, wenn ein Tragflächenboot genügend Fahrt aufnimmt. Oft bleiben nur die Tragflächen und die Propeller unter Wasser, der Rest »schwebt« über dem Wasser.
Für große Schiffe ist diese Technik noch zu teuer. Die Unterwasserflügel sind hier auch schwieriger zu warten. Die meisten Tragflächenboote sind daher eher klein und wendig, zum Beispiel sehr schnelle Passagierfähren.

DAS TRAGFLÄCHENBOOT

Das erste Patent für die Tragflächentechnologie wurde 1869 erteilt, als ein französischer Erfinder entdeckte, dass ein Boot aus dem Wasser gehoben werden kann, wenn bestimmte flache Teile am Rumpf befestigt sind. In Großbritannien wurden Experimente durchgeführt, aus denen die *Miranda IV* hervorging, ein Boot, das eine Geschwindigkeit von 65 Kilometer pro Stunde erreichte. Angeregt durch einen wissenschaftlichen Artikel aus dem Jahr 1906, in dem die Funktionsweise von Tragflächen detailliert erklärt wurde, ließ der amerikanische Erfinder Alexander Graham Bell ein Tragflächenboot konstruieren.
Es blieb stabil auf dem Wasser und erreichte eine Höchstgeschwindigkeit von 114 Kilometer pro Stunde. Ein Rekord, der sich 10 Jahre lang hielt. Auch in der Sowjetunion wurde viel experimentiert. Der russische Konstrukteur Rostislaw Alexejew war

ein Pionier. Er entwarf das erste Tragflächenboot, das in großer Stückzahl gebaut wurde: die *Raketa*. Am 25. August 1957 stach das beeindruckende Schiff zum ersten Mal in See. 30 Passagiere legten in sieben Stunden 420 Kilometer zurück. Später nutzte Rostislaw sein Wissen über Tragflächen, um ein gigantisches Flugzeug zu entwickeln, das *Ekranoplan*, das knapp über dem Wasser auf einem Luftkissen gleitet. Man muss jedoch kein russischer Erfinder sein, um so ein Fahrzeug zu bauen. Heutzutage ist es unter Windsurfern, Kitern und Wellenreitern sehr beliebt, sich Untersätze mit Unterwasserflügeln zu kaufen oder zu bauen. Durch Auf- und Abspringen werden diese über das Wasser vorwärtsgetrieben. Erklärungen und Baupläne findet man im Internet.

DER SCHLEPPTANK

Bei der Konstruktion von Schiffen berechnen die Ingenieurinnen und Ingenieure natürlich alles ganz genau. Schiffe können auf dem Papier perfekt funktionieren, im Wasser sieht es manchmal aber anders aus. Aus diesem Grund gibt es Schiffbau-Versuchsbecken, sogenannte Schlepptanks, die der Ingenieur William Froude bereits in den 1870er-Jahren entwickelt hat. Er entwarf Schiffe mit unterschiedlich geformten Vorderteilen und baute von ihnen maßstabsgetreue Modelle. Er stellte sogar eine Formel auf, die das Verhalten echter Schiffe auf der Grundlage von Tests mit diesen Modellen vorhersagen konnte. Kurze Zeit später wurde in Großbritannien der erste Schlepptank gebaut. Schiffe müssen stabil sein, sollen aber auch möglichst wenig Widerstand vom Wasser aus erfahren. »Hydrodynamische« Schiffe sind wirtschaftlicher und umweltfreundlicher. Maßstabsgetreue Modelle

werden in Schlepptanks vorwärtsgezogen, Computer und Sensoren registrieren dabei alles: die Geschwindigkeit, den Propellerschub, den Wasserwiderstand, auf den das Schiff stößt, und den Winkel des Ruders. Für bestimmte Tests werden sogar Wellen erzeugt.

In anderen Testbecken wird das Wasser von einer Seite zur anderen gepumpt, sodass es immer in eine Richtung fließt und die maßstabsgetreuen Schiffsmodelle auf der Stelle segeln können. Auch Flugzeuge werden manchmal im Wasser getestet, da sich Wasser oft wie Luft verhält. Und um die ultrastarken Eisbrecher zu konstruieren, wird Wasser in den Schlepptanks eingefroren. Durch die Abkühlung der Luft bilden sich auf dem Wasser Eiskristalle, die ein verkleinertes Modell der großen Eiskristalle im Meer darstellen.

KOMMUNIKATION

LICHT, SIGNALE UND ZEICHEN AUF SEE

DAS MORSEALPHABET

Zu Beginn des 19. Jahrhunderts schafften es Erfinder, Nachrichten mittels Elektrizität zu versenden. Schickt man abwechselnd Strom oder eben keinen Strom durch einen Draht, bewegt sich am anderen Ende der Leitung etwas.

Diesen Geistesblitz hatte der Amerikaner Samuel Morse. Er entwickelte daraufhin den ersten elektrischen Telegrafen. Wenn der Absender einer Nachricht Strom durch ein Kabel schickte, drückte dieser beim Empfängergerät einen Stift gegen eine sich abwickelnde Papierrolle. Die dabei entstehenden Striche und Punkte mussten nur noch in Buchstaben umgewandelt werden. Das Morsealphabet war geboren.

Um den Versand so effizient wie möglich zu gestalten, zählte man, welche Buchstaben in den Zeitungen am häufigsten vorkamen. Ihnen wurden einfache, kurze Kombinationen gegeben. Der Buchstabe »e« ist beispielsweise ein Punkt, aber das »x« besteht aus einem Strich, zwei Punkten und einem weiteren

Strich. Bald fand man heraus, dass man auch durch einfaches Zuhören eine Nachricht entziffern konnte, und zwar bis zu 40 Wörter pro Minute. Außerdem wurde das Morsealphabet auch durch blinkende Lichter visuell übertragen. Der Code selbst wurde mehrmals angepasst, bis 1865 ein internationaler Morsecode entstand. Die Kenntnis des Morsecodes war für Piloten und Seeleute unverzichtbar. Während des Zweiten Weltkriegs verständigten sich Kriegsschiffe durch die Übermittlung von Morsezeichen über Funk oder Signallichter. Und bis 1999 war der Morsecode das Standardkommunikationsmittel, wenn Schiffe in Schwierigkeiten gerieten. Das international anerkannte Notsignal lautet »SOS«. Weißt du, wie es im Morsecode dargestellt wird? Heute wird das Morsealphabet immer noch von Funkamateuren oder in Notfällen verwendet.

BACKBORD UND STEUERBORD

Wer fährt rechts, wer fährt links? Diese Frage will man nicht jedes Mal stellen, wenn man ein anderes Schiff überholen will. Man spricht daher von Backbord und Steuerbord.

Backbord bezieht sich auf die linke Seite eines Schiffs und Steuerbord auf die rechte Seite – vom Heck aus gesehen. Woher die Namen kommen, ist nicht eindeutig geklärt. Ursprünglich ging man davon aus, dass sich die Backbordseite auf die Kombüse bezog, in der oft Fisch gebraten wurde oder in der die Essensdose des Steuermanns lag. Früher befand sich das Ruder eines Schiffs auf der rechten Seite und nicht hinten am Heck, was nach Ansicht einiger Leute den Begriff »Steuerbord« erklärt. Heute vermuten Sprachwissenschaftlerinnen und Sprachwissenschaftler, dass sich »Backbord« auf das mittelniederländische »baec« bezieht, das »Rücken« bedeutet. Wenn ein Steuermann

früher auf der Steuerbordseite des Schiffs am Ruder stand, hatte er den Rücken der linken Seite des Schiffs zugedreht. Doch das ist vielleicht ein bisschen zu kompliziert. Leichter wird es mit dieser Eselsbrücke: In »Steuer(bord)« kommt der Buchstabe »r« für rechts vor. Jede Seite hat übrigens seit 1847 zudem Navigationslichter in einer bestimmten Farbe. Großbritannien schrieb diese Regeln vor. Von diesem Zeitpunkt an mussten Schiffe ein weißes Licht an der Spitze, ein rotes an Backbord und ein grünes an Steuerbord haben. Die Unterscheidung der beiden Begriffe ist wichtig, denn auch auf See gilt: Rechts hat Vorfahrt. Wenn also ein Steuermann ein rotes Licht von einem anderen Schiff sieht, muss er den Kurs ändern, um einen Zusammenstoß zu vermeiden. Sieht er dagegen ein grünes Licht, behält er den Kurs bei.

SIGNALFLAGGEN

Lange vor der Entwicklung der Elektrotechnik verständigten sich die Besatzungsmitglieder verschiedener Schiffe mithilfe von an Leinen aufgefädelten Signalflaggen.
Die weiß-blaue Flagge oben links steht für den Buchstaben »A«, die rote Flagge daneben für »B«. Die vierfarbige Flagge, die zweite von links in der unteren Reihe, stellt das »Z« dar.
Für Ziffern gibt es zwei Systeme. Nach den Regeln der NATO sind Ziffernflaggen ebenfalls rechteckig. Die rote Flagge mit einem gelben waagerechten Strich in der Mitte steht für die Ziffer »1«. Die letzte, eine weiße rechteckige Flagge mit fünf Pluszeichen, steht für die Ziffer »0«. Nach dem Internationalen Signalbuch erhalten die Ziffern dreieckige Flaggen, sogenannte Stander. Der weiße Stander in der oberen rechten Ecke mit einem roten Kreis darauf steht für die »1«. Der letzte, gelbe

Stander mit einem senkrechten roten Streifen steht für die »0«. Man kann also auch mit Fähnchen buchstabieren und zählen. Aber auch eine Flagge an sich hat eine bestimmte Bedeutung. Ein Schiff mit einer blau-weißen Flagge, der des Buchstabens »A«, warnt benachbarte Schiffe, dass ein Besatzungsmitglied in der Nähe taucht. Ein Schiff, das die Signalflaggen für den Buchstaben »W« hisst, bittet um medizinische Hilfe.

Die bunten Flaggen werden auch bei Festlichkeiten oder Segelwettbewerben benutzt. Doch dann haben sie eine völlig andere Bedeutung. Die Flagge für den Buchstaben »P« wird zum Beispiel vier Minuten vor dem Startschuss gehisst.

SS DELPHINE/USS DAUNTLESS

Ein unsterbliches Dampfschiff, das im Zweiten Weltkrieg eine Rolle gespielt und ein Kapitel in der belgischen Geschichte geschrieben hat, ist die *SS Delphine*.

Die *SS Delphine* ist ein erstaunliches, 78 Meter langes Schiff, das 1918 im Auftrag des Geschäftsmanns Horace Dodge gebaut wurde. Der Innenraum war mit Holzschnitzereien und den teuersten Teppichen sorgfältig ausgestattet. Doch Dodge erlag der Spanischen Grippe, noch bevor das Schiff fertiggestellt war. Zu allem Übel geriet es in Brand und sank 1926. Die Kosten für die Bergung und Restaurierung hat schließlich Dodges Witwe übernommen. Als der Zweite Weltkrieg ausbrach, wurde die schöne Innenausstattung entfernt und das Schiff in *USS Dauntless* umbenannt, um als Flaggschiff von Admiral Ernest King in See zu stechen. Der Legende nach trafen an Bord der *Dauntless* der amerikanische Präsident Franklin D. Roosevelt, Vizepräsident Harry S. Truman, der russische Premierminister Wjatscheslaw

Michailowitsch Molotow und der britische Premierminister Winston Churchill Vereinbarungen über das Ende des Zweiten Weltkriegs. Nach dem Krieg kaufte der belgische Textilmagnat Jacques Bruynooghe das Schiff. Die *Dauntless* kam nach Brügge. Bruynooghe investierte 35 Millionen Euro, um Maschinen, Konstruktion und Innenräume in ihren ursprünglichen Zustand zu versetzen. Die Dampfmaschinen wurden restauriert, eine Sauna, ein Fitnessraum und sogar ein Friseursalon wurden an Bord eingerichtet. Im Jahr 2003 taufte Prinzessin Stephanie von Monaco das Schiff wieder um in *SS Delphine*. Interessierte können sie bei der Cobrera Yacht Consulting für 80.000 Euro am Tag chartern. Das taten bereits Berühmtheiten wie Bono und Michael Schumacher. Das Schiff liegt im Hafen von Monaco.

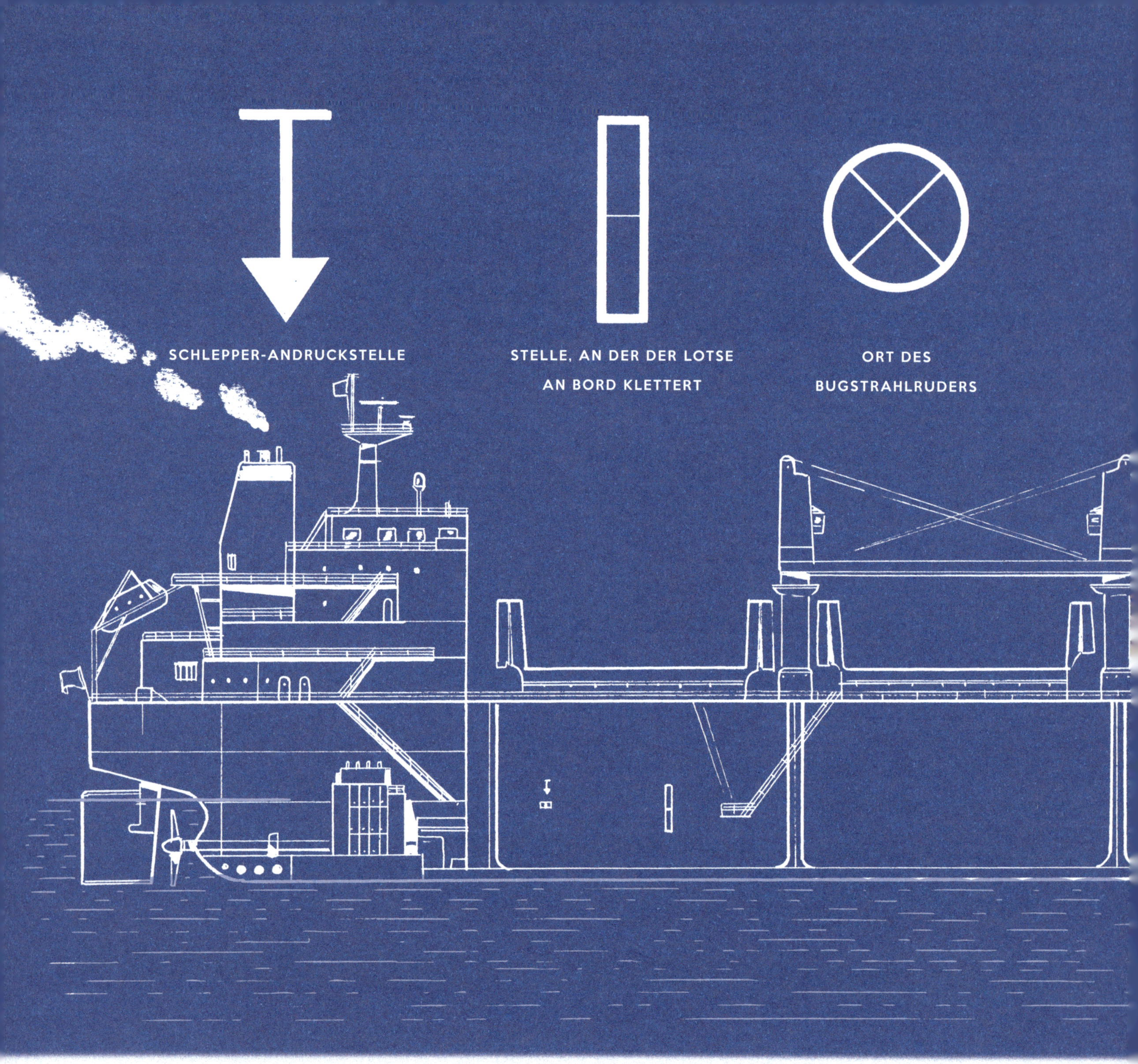

RUMPFMARKIERUNGEN

An den Markierungen am Rumpf eines Schiffs lässt sich allerhand ablesen. Die Zeichen informieren, wo die Ankerpunkte sind, wo eine Strickleiter heruntergelassen werden kann, wo sich das Bugstrahlruder befindet, ob das Schiff einen Wulstbug hat und wie tief es liegt. Ein Schiff schwimmt im Wasser, das wissen wir. Aber das Wasser ist nicht überall gleich schwer. Salzwasser ist schwerer als Süßwasser, kaltes Wasser schwerer als warmes.

Wie kann die Besatzung also mit Sicherheit wissen, wann das Schiff voll beladen ist? Der Brite Samuel Plimsoll hat sich darüber in den 1870er-Jahren Gedanken gemacht und die sogenannten Plimsoll-Marken entwickelt. Das sind Markierungen, die anzeigen, wie tief das Schiff im Wasser liegen darf. Nach dem Beladen liegt das Schiff tiefer im Wasser. Wenn die Wasserlinie der Linie durch den Kreis (oder der Linie neben dem Buchstaben »S«) entspricht,

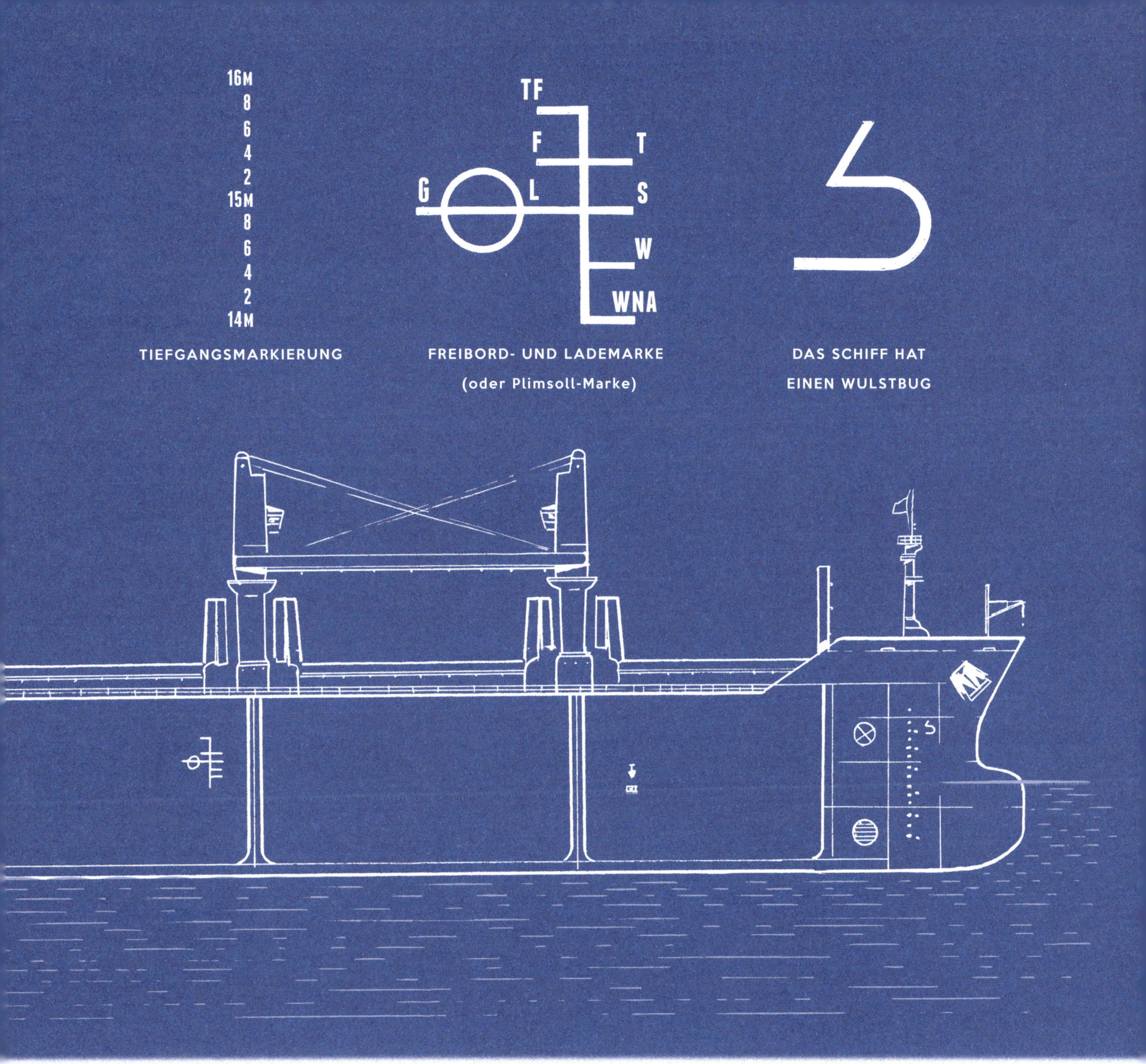

ist das Schiff voll – zumindest im Sommer in einem gemäßigten Klima. Die anderen Linien und Buchstaben zeigen an, wann das Schiff unter anderen Bedingungen voll beladen ist. »T« steht für »tropisch«. Wenn das Schiff in den Tropen beladen wird, zeigt diese Linie die Grenze an. »W« steht für »Winter« – für winterliche Temperaturen in gemäßigten Klimazonen. »WNA« steht für Winter im Nordatlantik. »F« steht für »fresh« – Süßwasser – und »TF« für tropisches Süßwasser. Ein in tropischem Süßwasser beladenes Schiff kann bis zur TF-Linie im Wasser liegen und überall hinfahren, es wird nirgendwo auf der Welt sinken. Ein Schiff, das in einer kalten, salzigen See bis zur TF-Linie beladen ist und in warmes Süßwasser fährt, liegt dort zu tief im Wasser. Die Fahrtroute bestimmt, welche Linie beachtet werden muss.

DAS FEUERSCHIFF

Selbst auf hoher See gibt es Sandbänke unterhalb der Wasseroberfläche, die für Schiffe sehr gefährlich werden können. Um Schiffe vor Gefahren wie Sandbänken oder Felsen zu warnen, liegen dort häufig Feuerschiffe vor Anker. Sie sind in der Regel rot gestrichen als Kontrast zu dem Blau, Weiß und Grau der Umgebung. Feuerschiffe sind schwimmende Leuchttürme. Und genau wie Leuchttürme geben Feuerschiffe besondere Lichtsignale – ihre Kennung – ab, früher mit Öllampen, später dann mit elektrischen Lampen. Auch das Nebelhorn an Bord kann andere Schiffe vor Gefahren warnen. Feuerschiffe haben einen festen Ankerplatz. Sie sind auf Seekarten eingezeichnet und liegen immer an der gleichen Stelle. Deshalb haben sie oft selbst keinen Antriebsmotor, sondern werden von Schleppern zu ihrem Standort gebracht. Die Motoren, die sich an Bord befinden, erzeugen

nur den Strom für die Lichtsignale. Alte Feuerschiffe sind manchmal noch bemannt. Die Besatzungsmitglieder werden dort von Hubschraubern oder Booten abgesetzt und wieder abgeholt. Sie halten das Leuchtfeuer instand, kontrollieren, welche Schiffe vorbeikommen, beobachten das Wetter und können zu Rettungseinsätzen herangezogen werden. Heute sind die meisten Feuerschiffe jedoch überflüssig, und wenn sie doch im Einsatz sind, dann meist automatisiert und unbemannt. An einigen Orten gelang es trotz widriger Umstände auch, Leuchttürme zu bauen oder große Navigationsbojen zu nutzen, um die Feuerschiffe zu ersetzen.

LEUCHTTÜRME

Die Küsten sind für Schiffe aufgrund von Riffen, scharfkantigen Felsen und Sandbänken, die manchmal knapp unter dem Meeresspiegel liegen, ein gefährliches Gebiet. Wie konnten die Schiffer vor der Erfindung moderner elektronischer Navigationssysteme sicher navigieren? Dank der Leuchttürme!

Die ältesten Leuchttürme, auch Leuchtfeuer genannt, haben ihren Namen wirklich verdient. Als Elektrizität und Lampen noch nicht erfunden waren, kam das Licht von offenem Feuer. Der älteste Leuchtturm stand in Alexandria, er ist auch bekannt als »Pharos«, eines der sieben Weltwunder der Antike. Das beeindruckende Bauwerk aus weißem Naturstein und Marmor wurde um 300 v. Chr. erbaut und tat fast 1500 Jahre lang seinen Dienst. Sein Feuer wurde von 80 Kilometer entfernt liegenden polierten Eisenplatten reflektiert.

Irgendwann wurden in den Leuchttürmen Holz und Kohle durch Kerzen und Öllampen und später durch elektrische Lampen ersetzt. So blieb die Lichtmenge in den Leuchttürmen konstant. Spiegel und Linsen bündeln heute den Lichtstrahl. Das Licht, das oben austritt, wird umgeleitet und horizontal über das Meer geworfen. Einer der berühmtesten Leuchttürme ist die Freiheitsstatue in New York. Leider erwies sich das Licht der Fackel der Statue jedoch schnell als zu schwach. Die Aufgabe der Leuchttürme wird heutzutage weitgehend von GPS-Systemen an Bord der Schiffe übernommen. Die Leuchttürme, die noch in Betrieb sind, sind oft unbemannt, selbst defekte Glühbirnen werden nicht mehr von Hand gewechselt. Heute arbeitet man vornehmlich mit Batterien, die durch Sonnenenergie oder manchmal auch durch einen Dieselgenerator aufgeladen werden.

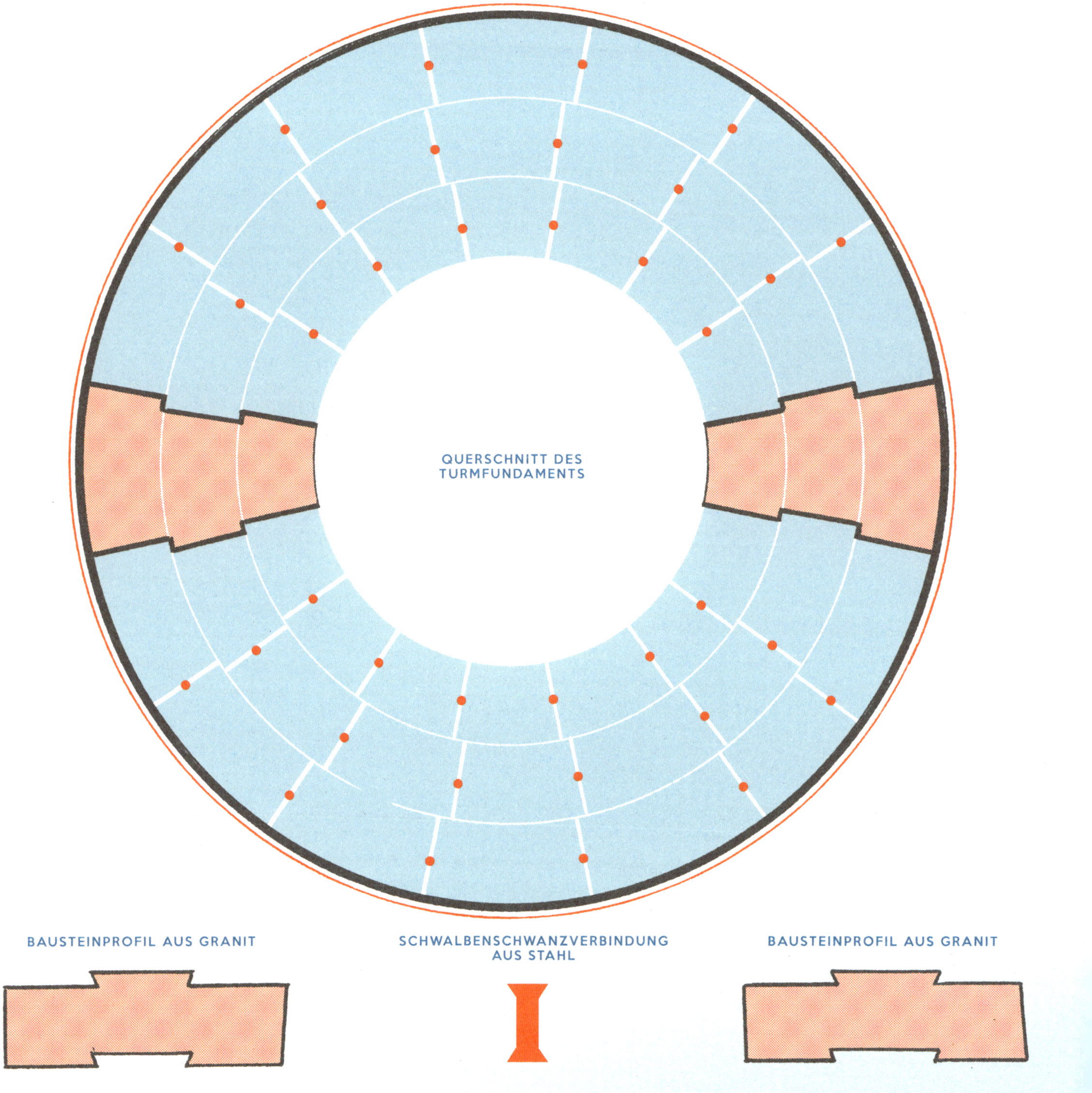

DER EDDYSTONE-LEUCHTTURM

Leuchttürme müssen ziemlich viel aushalten können, denn sie stehen ja genau dort, wo Schiffe leicht in schwere See geraten. Meterhohe Wellen peitschen Tag und Nacht gegen ihr Fundament, das deshalb äußerst robust sein muss. Das trifft auch auf den Eddystone-Leuchtturm zu, der auf einem gefährlichen Felsen im Südwesten Englands steht, mitten im Meer. Schon im Jahr 1696 wurde dort ein hölzerner Leuchtturm errichtet, der mit Metallstiften an den Felsen montiert war. Er war der erste Leuchtturm, der aus dem offenen Meer ragte. Nur fünf Jahre später wurde der Turm während eines großen Sturms vollständig weggefegt – einschließlich der fünf Leuchtturmwärter. Als Nächstes wurde ein großer konischer Holzturm mit einem Sockel aus Ziegeln und Zement gebaut. Vierundzwanzig Kerzen spendeten das Licht, bis der Turm 1755 leider selbst Feuer fing. Der Ingenieur John Smeaton erkannte, dass der Eddystone-Leuchtturm stärker sein musste als alle anderen Leuchttürme. Er setzte

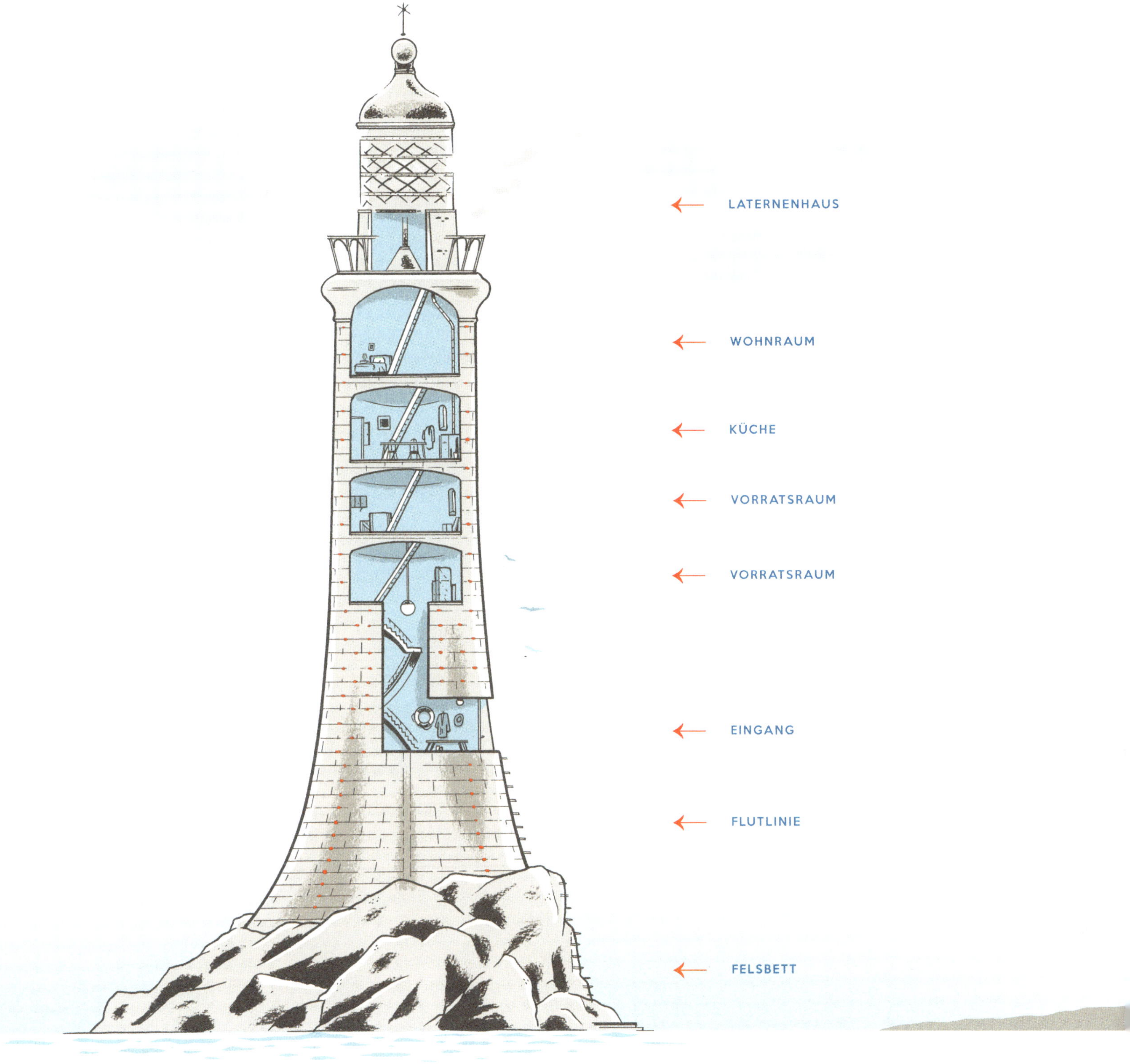

auf »hydraulischen Kalk«, eine Art Zement, der auch im Wasser aushärten kann. Das Fundament und die Außenmauern bestanden aus massiven Granitblöcken, die nach Vorbild eines Eichenstammes miteinander verzapft und zusammengeschoben wurden. Wurde auf einen Block Druck ausgeübt, stieß dieser automatisch gegen die umliegenden Blöcke, damit sich der Druck verteilen und somit abgeschwächt werden konnte. Dieser Turm wurde 1877 abgerissen, weil der darunter liegende Fels mittlerweile zu stark abgetragen war. Doch der Sockel des Turms war zu massiv, um niedergerissen zu werden. Er steht heute noch neben dem neuen Turm. Smeatons geniale Idee wurde zum Prototypen für modernere Leuchttürme. Sowohl der hydraulische Kalk als auch die besondere Form der Steine werden auch heute noch verwendet.

ROCKALL

Auf den ersten Blick hat Rockall wenig zu bieten. Es ist nur eine kleine kahle Felsenspitze, die irgendwo zwischen Island und Irland etwa 17 Meter aus dem Meer ragt. Bestenfalls wächst hier etwas Moos und Seetang, Seevögel rasten dort. Und doch ist der Felsen seit Langem in der ganzen Welt bekannt – und wegen seiner Unwirtlichkeit unter waghalsigen Menschen ein beliebter Pilgerort. 1985 verbrachte der Abenteurer Tom McClean dort 40 Tage und Nächte, und der *Dangerous Sports Club* schmiss dort in den 1970er-Jahren eine legendäre Party.

Die Briten eigneten sich den Felsen bereits 1955 an, als noch kein anderes Land Interesse an ihm zeigte. Doch bald sollte sich herausstellen, dass das Gebiet reich an Ölquellen und Fisch-

beständen war. Island, Irland und Dänemark erhoben ebenfalls Anspruch auf Rockall. Das Vereinigte Königreich aber blieb standhaft. Eine Flagge wurde gehisst, eine Bronzetafel angebracht und eine Leuchtbarke aufgestellt, um Schiffe vor Kollisionen zu schützen. Zu Werbezwecken nahmen zwei britische Wachen sogar ihren Platz neben einem Wachhäuschen ein.

Es ist noch immer nicht ganz klar, wem Rockall und die umliegenden Gewässer eigentlich gehören. 1997 verbrachten drei Greenpeace-Aktivisten 42 Tage in einer Plastikkapsel auf Rockall, die mit Solarzellen ausgestattet war. Sie haben den Felsen symbolisch dem Planeten zurückgegeben. 2014 brach der schottische Abenteurer Nick Hancock diesen Rekord um drei Tage.

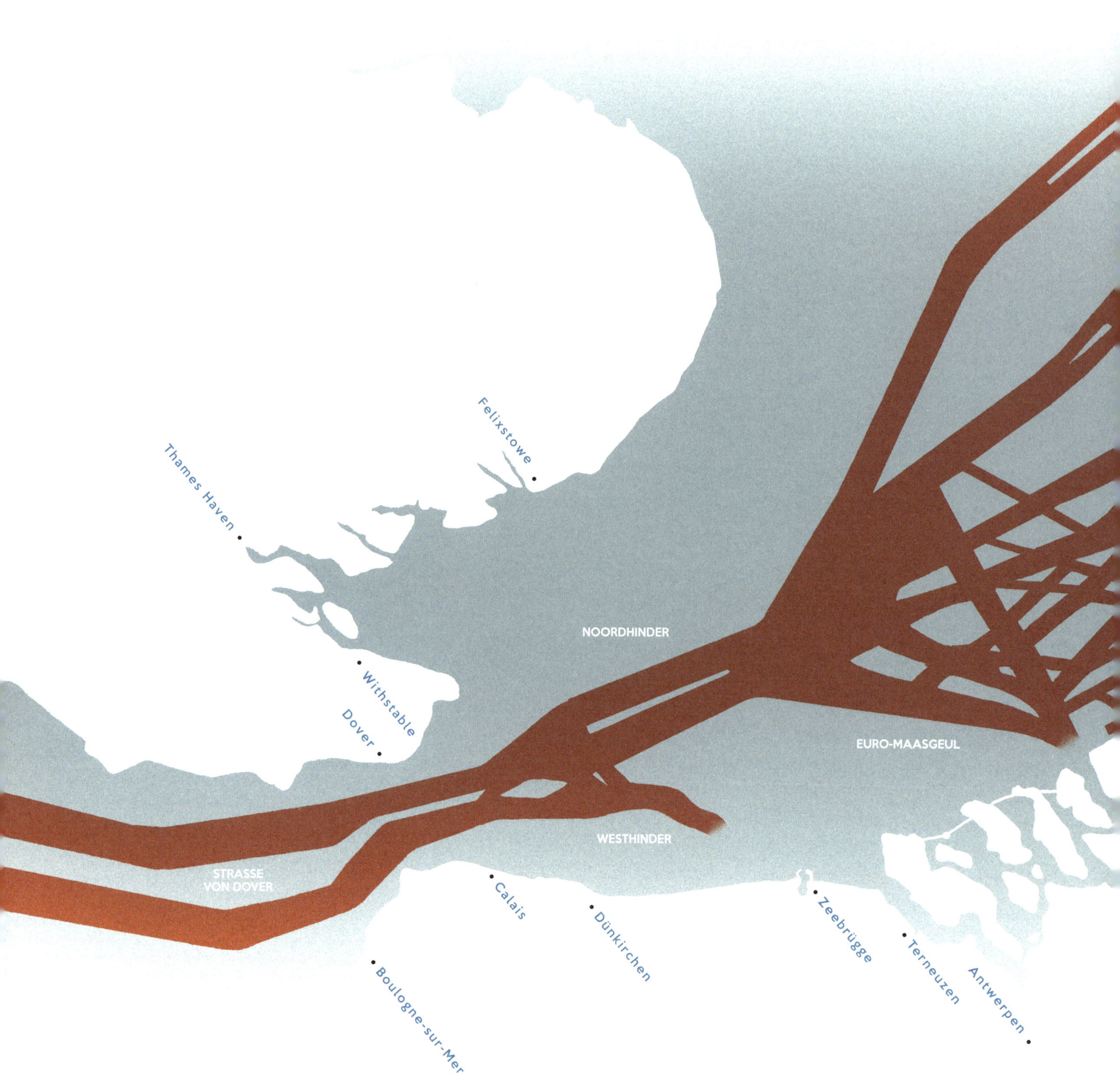

DAS VERKEHRSTRENNUNGSSYSTEM

Kaum vorstellbar, wenn es plötzlich keine Fahrbahnen oder Fahrtrichtungen mehr auf der Autobahn geben würde und alle kreuz und quer durcheinanderrasten. Was für ein riesiges Chaos, man käme bestimmt viel zu spät zur Arbeit.

Gleiches gilt für Wasserwege, weshalb es Verkehrstrennungsgebiete gibt. Sie bestehen aus international festgelegten Fahrspuren und regeln im Meer den Verkehr an verkehrsreichen Stellen. Etwa wenn viele Schiffe eine schmale Passage befahren oder um ein und dasselbe Kap herumfahren müssen. Ein Verkehrstrennungssystem besteht in der Regel aus einer Fahrspur in jeder Richtung sowie Kurven und Tiefwasserspuren für große, tiefgehende Schiffe. Die Küstenzone wird für Sportjachten und Fischerboote freigehalten. Der »Mittelstreifen«, der Bereich zwischen zwei Richtungen, bleibt außer in Notfällen oder für die

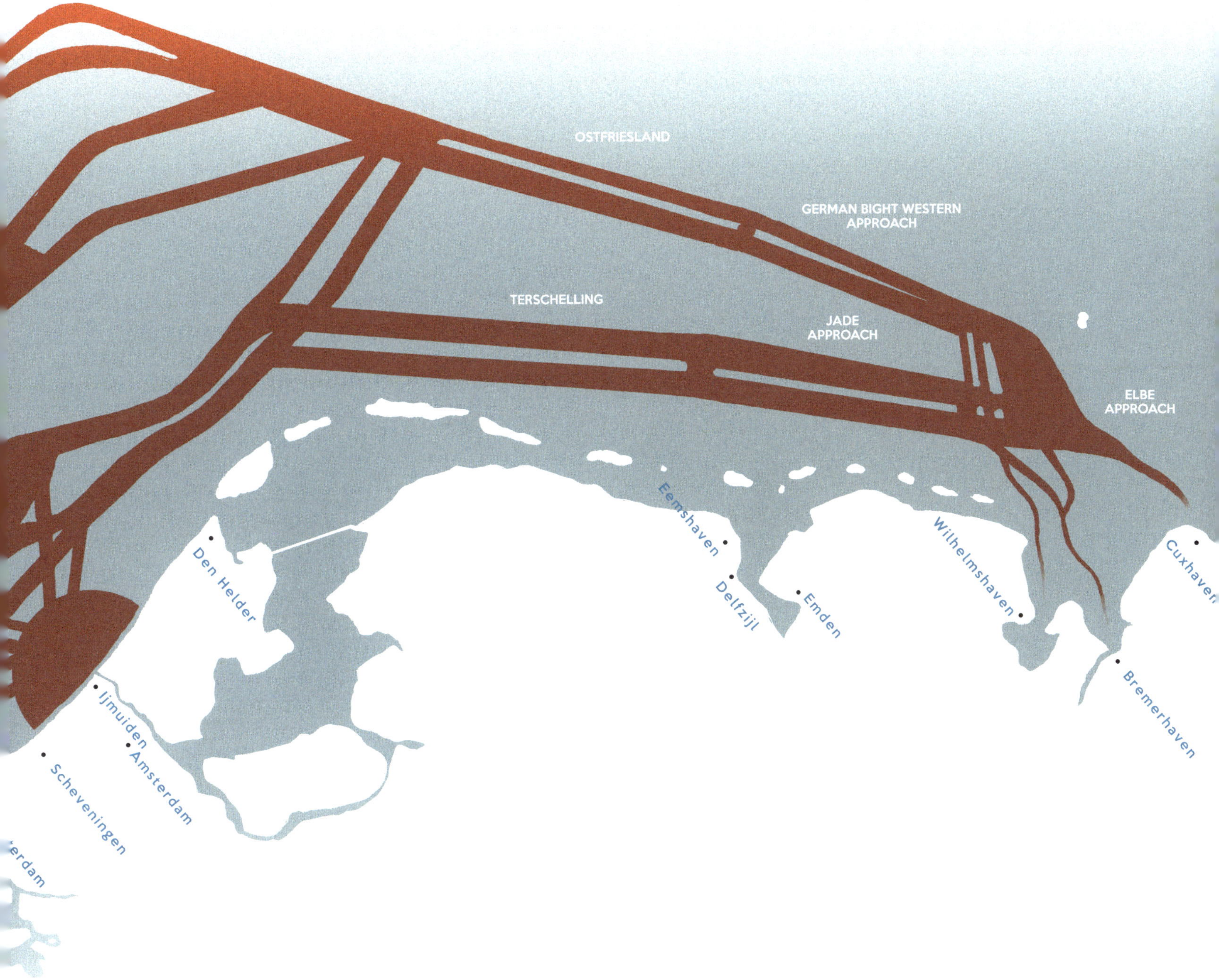

örtlichen Fischer unbefahren. Und genau wie bei einer Autobahn gibt es Ausfahrten, denen man folgen kann, wenn man einen Hafen ansteuern will. Und was, wenn ein Schiff eine Fahrrinne überqueren will? Um Zusammenstöße zu vermeiden, muss es dies so schnell wie möglich in der kleinstmöglichen Entfernung tun. Außerdem gibt es »Kreuzungen«. Sie sind auf der Seekarte durch gestrichelte Pfeile markiert. Wenn Boote sich kreuzen, muss die Besatzung besonders vorsichtig vorgehen. Es gibt noch einen weiteren guten Grund, den Schiffsverkehr in die richtige Richtung zu lenken: Seeminen. Nach dem Zweiten Weltkrieg wimmelte es in der Nordsee nur so vor Seeminen. Ganz allmählich wurden diese aber entschärft, sodass zwischen den restlichen Sprengkörpern schmale Fahrrinnen festgelegt werden konnten.

KNOTEN

Man stelle sich vor, man segelt mitten auf dem Ozean und hat nirgendwo einen Bezugspunkt. Kein Land in Sicht, kein GPS, keine Sterne am Himmel. Wie soll man dann feststellen, mit welcher Geschwindigkeit man unterwegs ist? Genau dieses Problem wurde im 16. Jahrhundert mit einer Logleine gelöst – einem langen Seil, das in regelmäßigen Abständen mit Knoten versehen war und am Ende ein rundes oder dreieckiges Brettchen hatte. Dieses Logscheit war an einem Ende mit Blei beschwert, sodass es aufrecht im Wasser stehen konnte. Um nun dahinterzukommen, wie schnell man segelte, brauchte man drei Matrosen. Der erste hielt die Logrolle, auf der die Logleine aufgespult war. Der zweite behielt eine Sanduhr im Auge. Sobald der dritte Matrose das Logscheit über Bord geworfen hatte, zog das aufrecht stehende Brett an der Leine, die sich abzuwickeln begann. Um die Geschwindigkeit zu ermitteln, zählten die Matrosen die über Bord gegangenen Knoten. Taten sie dies eine halbe Minute lang,

kannten sie die ungefähre Entfernung, die das Schiff pro Zeiteinheit zurückgelegt hatte, oder eben: die Geschwindigkeit in Knoten. Einige Faktoren machten diese Schätzung jedoch weniger zuverlässig. Hohe Wellen am Heck ziehen stärker an der Leine. Oder die Meeresströmung zieht das Logscheit manchmal mit dem Schiff mit. Lufttemperatur und -feuchtigkeit machten die Sanduhren zudem ungenauer. Daher führten die Matrosen oft mehrere Messungen pro Tag durch und berechneten die durchschnittliche Geschwindigkeit. Auch mit moderner Technik wird die Geschwindigkeit von Schiffen noch immer in der Einheit »Knoten« angegeben. Eine Geschwindigkeit von einem Knoten entspricht einer Seemeile, also einer Entfernung von 1852 Metern pro Stunde. Ein großes Schiff ist etwa 18 Knoten schnell, also ungefähr 33 Kilometer pro Stunde.

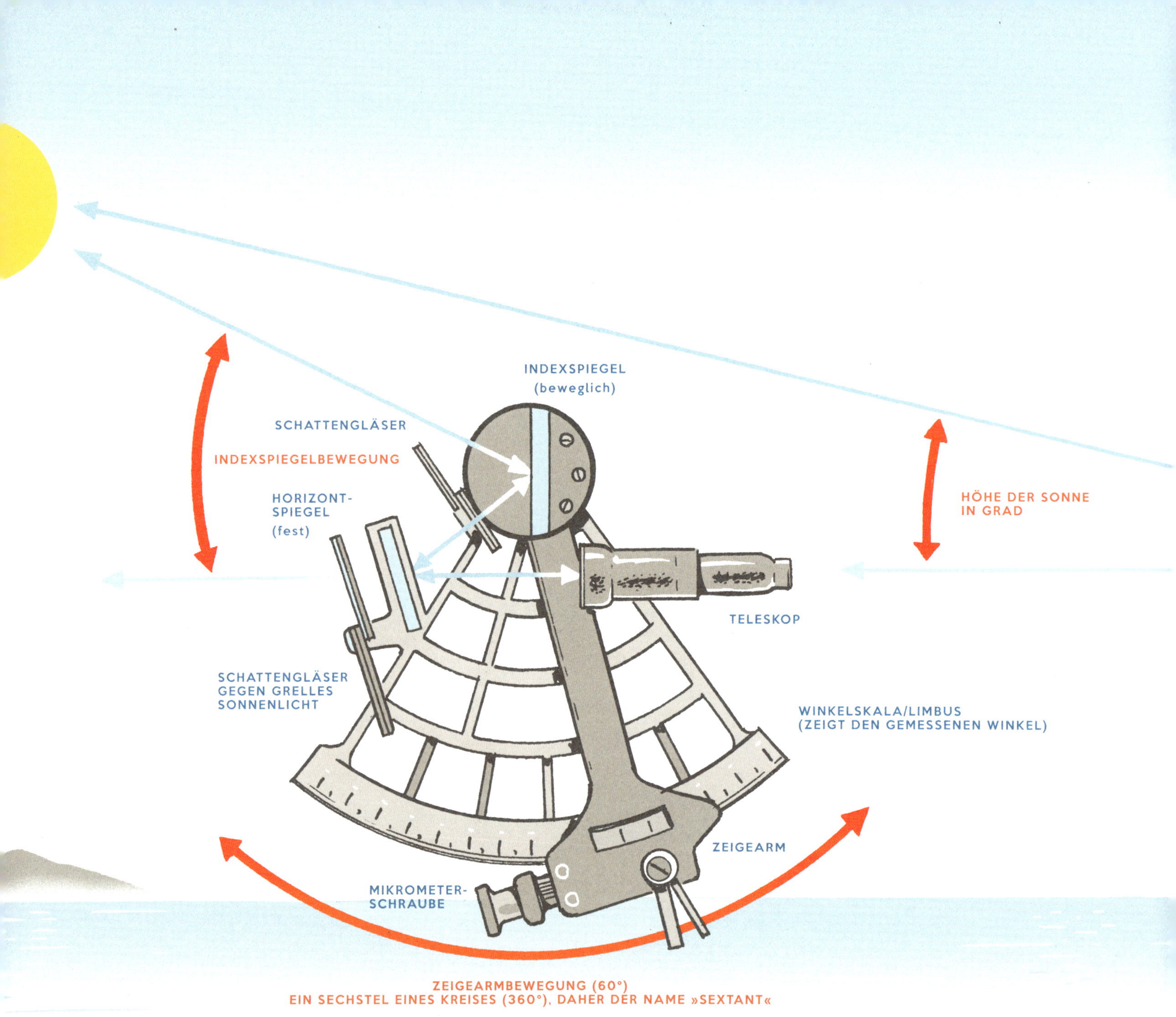

DER SEXTANT

Wenn man wissen will, wie spät es ist, kann man sich am Stand der Sonne orientieren. Mittags steht sie bei uns hoch oben am Himmel, um Mitternacht steht sie am anderen Ende der Welt am höchsten. Weiß man also, wie spät es ist und wo die Sonne steht, kann man ableiten, wo man sich auf der Welt befindet. Die Zeit lässt sich an der Uhr ablesen, und um den Stand der Sonne (oder eines Sterns) zu bestimmen, verwenden Seeleute auch heute noch einen Sextanten. Ein Sextant ist ein Messgerät mit Rahmen, Spiegel und einem Teleskop, durch das man den Horizont sehen kann. Ein Zeigearm ist mit einem zweiten beweglichen Spiegel verbunden, der das Sonnenlicht auf den ersten Spiegel reflektiert. Um den Stand der Sonne zu bestimmen, schaut man zunächst durch das Teleskop auf den Horizont. Dies funktioniert am besten zur Mittagszeit, wenn die Sonne am höchsten steht. Dann verstellt man den Zeigearm. Im nächsten Moment erscheint die Sonne, die den Anschein gibt, sich abwärts zu bewegen. Nun

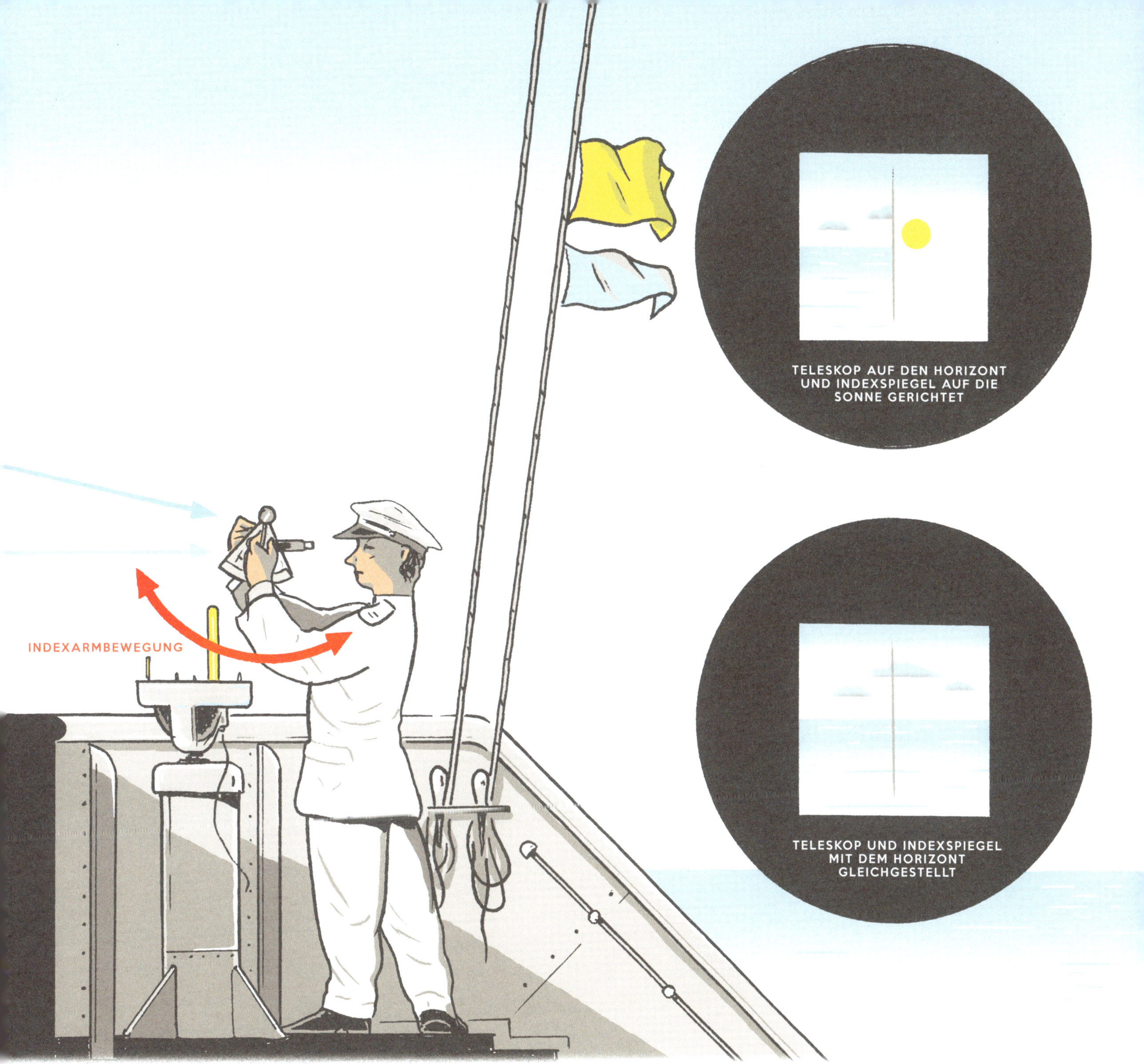

betrachtet man die Sonne so lange, bis der untere Teil der Sonne den Horizont berührt. Man schaut also gleichzeitig durch das Teleskop auf den Horizont und durch den Spiegel auf die Sonne. Wenn man den Sextanten im unteren Teil hin- und herschwenkt, bewegt sich die Sonne auf einem Bogen. Auf diese Weise geht man sicher, dass nur die Unterseite der Sonne das Wasser berührt. Jetzt kann man die Zahlen ablesen, die der Zeigearm am unteren Ende des Sextanten anzeigt, und die genaue Zeit notieren. Nun kennt man also die exakte Höhe der Sonne zu einem bestimmten Zeitpunkt. In einer Tabelle lässt sich nachlesen, wie nördlich oder südlich man sich auf der Erde befindet. So können Schiffskapitäne dank des Sextanten ihre Position sogar auf offener See bestimmen.

SCHIFFBRUCH UND SEEMANNSGARN

MYTHEN UND REALITÄT

STAPELLAUF

Unter Seeleuten gibt es seit jeher sehr viel Aberglauben. Wenn man auf rauer und unwirtlicher See unterwegs ist, bekommen schlechte oder gute Omen eine größere Bedeutung, und hin und wieder geschehen Dinge, die diesen Aberglauben noch bestärken. Die *Costa Concordia* ist ein gutes Beispiel dafür. Das Kreuzfahrtschiff wog rund 114 000 Tonnen und konnte fast 5000 Personen befördern. Als das Schiff 2005 getauft wurde, schwang traditionsgemäß eine Champagnerflasche an einem langen Seil gegen den Bug. Aber die Flasche zerbrach nicht. Auf den Aufnahmen hört man die Menge wehklagen. Denn wenn die Flasche bei der Taufe nicht zerbricht, gilt dies als Omen für eine unheilvolle Zukunft des Schiffs. Drei Jahre später kam es tatsächlich zu einem Unglück. Die *Concordia* wurde im Hafen von Palermo von riesigen Wellen gegen das Dock geschleudert. Der

Schaden wurde innerhalb eines halben Tages behoben, das Schiff konnte weiterfahren.

Doch am Freitag, dem 13. Januar 2012, kam es zu einer weiteren Katastrophe. Gegen zehn Uhr abends kollidierte das Schiff mit einem Felsen vor der italienischen Küste. Der Rumpf wies einen 70 Meter langen Riss auf. Die Triebwerke fielen sofort aus. Wind und Strömung trieben das Schiff langsam auf die Küste zu, wo es weiter kippte und schließlich auf Grund lief. 32 Menschen verloren ihr Leben. Es dauerte fünf Jahre, das Schiff vollständig zu bergen. Überlebenden zufolge ertönte zum Zeitpunkt des Unglücks das Lied »My Heart Will Go On« von Céline Dion – der Titelsong des Films *Titanic* über das gleichnamige Schiff, das mit einem Eisberg zusammenstieß. Zufall?

ELMSFEUER

Seeleute, die durch einen Sturm fahren, blicken oft voller Hoffnung zu den Schiffsmasten auf. Denn dort kann sich etwas ganz Besonderes abspielen. Blaues Licht windet sich um die Mastspitzen und schießt wie ein Blitz aus dem Mast.
Dieses Naturphänomen wird Elmsfeuer genannt. Er entsteht, wenn die Luft um den Mast stark elektrisch aufgeladen ist, zum Beispiel, wenn ein Gewitter in der Luft liegt.

Spitze Gegenstände sind hervorragende Standorte für das Elmsfeuer. Die Luftteilchen werden elektrisch aufgeladen und erzeugen dadurch Licht. Die Stärke des elektrischen Feldes und die Sichtbarkeit des Elmsfeuers werden durch die Form und Größe des Gegenstands bestimmt. An einer schmalen Stelle machen die Luftteilchen eine scharfe Kurve und es ist weniger Ladung in der Luft erforderlich, damit das Elmsfeuer sichtbar

wird. Abgesehen von Masten erscheint dieses Lichtspektakel auch an Schornsteinen, Flugzeugflügeln und sogar an den Hörnern von Rindern.

Das Elmsfeuer wurde bereits im antiken Griechenland beobachtet und findet in den Schriften von Julius Cäsar und Charles Darwin Erwähnung. Der Erfinder Nikola Tesla stellte Experimente an und konnte ein Elmsfeuer angeblich an den Flügeln fliegender Schmetterlinge erzeugen. Das Elmsfeuer ist nach dem Heiligen Elmo benannt, einem italienischen Bischof und Schutzpatron der Seeleute.

Zeigt sich das Elmsfeuer bei stürmischem Wetter auf See in den Masten, halten die Seeleute es für ein gutes Omen, das eine problemlose Reise voraussagt.

DIE ASKOY II

Die *Askoy II* ist eine der beeindruckendsten und größten Segeljachten, die je in Belgien gebaut wurden. Sie wurde von Hugo van Kuyck in Auftrag gegeben, einem Bauingenieur, der wichtige Großbauten in Belgien entworfen hat und als Offizier an der Landung in der Normandie beteiligt war. Die ersten Skizzen zeichnete er selbst und segelte mit der Jacht nach Fertigstellung durch die Nordsee, nach Schottland und Norwegen.

Die Jacht wurde zum Flaggschiff der belgischen Jachtflotte. Und sie bekam einen zweiten bemerkenswerten Besitzer, den Sänger Jacques Brel, der mit ihr zu den Marquesas-Inseln, einer französisch-polynesischen Inselgruppe im Pazifischen Ozean, segelte. Brel schrieb über seine Jacht sogar ein Lied: *La Cathédrale*. Das Schiff wechselte noch einige Male den Besitzer, 1994 geriet es jedoch in einen Sturm und strandete an der Küste

Neuseelands. Die Gebrüder Wittevrongel, Segelmacher und Freunde Brels, beobachteten den Vorfall mit Bestürzung. 2008, nach 20 Jahren im Sand, wurde die Jacht mit Baggern ausgegraben und nach Belgien zurückgebracht. Von ihr war allerdings nicht mehr viel übrig geblieben. Nur der entstellte und verrostete Rumpf war erhalten.
Derzeit wird die Jacht in Zeebrügge restauriert. Dabei wurde ein Stück Stahl von den Türmen des *World Trade Center* in New York eingearbeitet. Nach den ursprünglichen Plänen erhielt sie wieder Holzmasten. Die *Askoy II* ist als segelndes Kulturgut anerkannt. Nach ihrer Restaurierung wird sie wieder eine Botschafterin der belgischen Jachtflotte sein und an großen maritimen Veranstaltungen teilnehmen.

HIER KOMMT DER KRAKE

Manchmal hat man doch dieses komische Gefühl, beobachtet zu werden, wenn man im Meer schwimmt, oder? Was in den geheimnisvollen Tiefen des Meeres so vor sich geht, war schon immer Gegenstand von Fabeln und Mythen. So ist auch der Mythos von einem riesigen Seeungeheuer, einem Kraken, entstanden. Die Legende geht zurück auf die skandinavische Folklore. Dort durchstreifte der Krake früher die Küstengebiete Norwegens und Grönlands. Mit seinen riesigen Tentakeln soll er Fischerboote in die Tiefe gerissen haben. Entweder griff er die Boote an, zertrümmerte sie und zog sie ins Verderben, oder aber er tauchte ab und erzeugte einen Strudel, der das Schiff mit sich riss. Das Fabelwesen wurde von den Seeleuten gefürchtet. Der berühmte schwedische Physiker Carl von Linné beschrieb den Kraken 1735 in der Erstausgabe der *Systema Naturae*,

eines Katalogs der Tierarten, sogar als eigene Art. In späteren Ausgaben wurde der Krake gestrichen. Doch die Idee eines Riesentintenfischs ist nicht aus der Luft gegriffen. 1857 wurde in Dänemark eine seltsame Papageienfischart an Land gespült. Ein dänischer Physiker untersuchte das Tier und bekam ein weiteres von den Bahamas geschickt. Er fand heraus, dass der Fisch mit einem Tintenfisch verwandt war, der einschließlich der Tentakel schätzungsweise 15 Meter lang war. Tintenfische leben in einer Tiefe von bis zu 1000 Metern. Ihre Augen sind so groß wie Fußbälle, wahrscheinlich, um hungrige Pottwale schon von Weitem zu sichten. Es wurde sogar ein Riesenkalmar entdeckt, eine Art, die noch größer als der Riesentintenfisch ist. Aber daran sollte man beim nächsten Sprung ins Meer besser nicht denken.

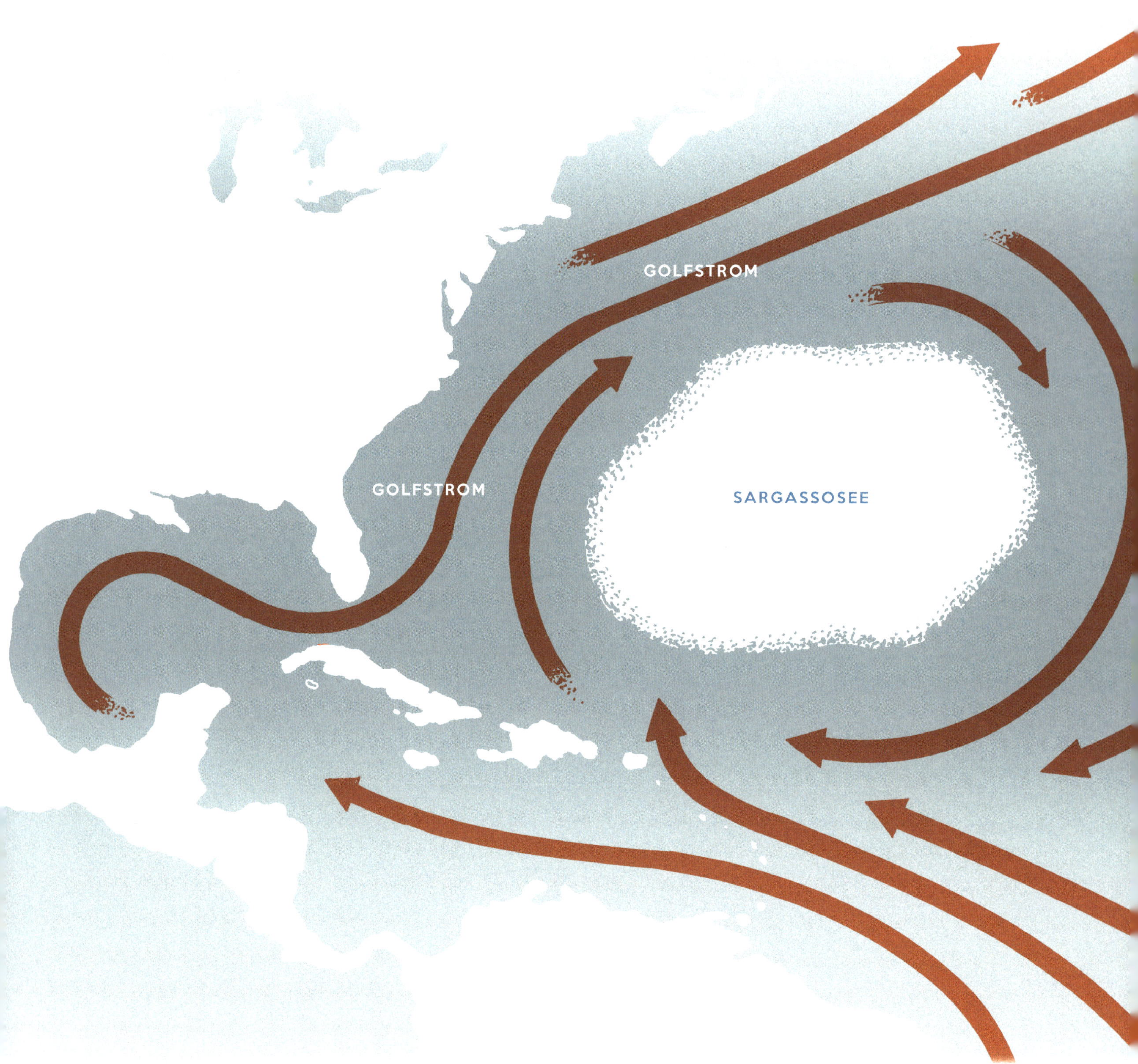

DIE SARGASSOSEE

Wusstest du, dass es auch Meere gibt, die keine Küstenlinie haben? Die Sargassosee zum Beispiel liegt im Atlantik. Sie wird von Strömungen begrenzt, die einen großen Kreis bilden. Das Wasser bewegt sich im Uhrzeigersinn, die Sargassosee liegt in der Mitte.

Die Strömungen transportieren Pflanzen und Abfälle, die in der Mitte treiben. Der Name selbst kommt von Sargassum, Braunalgen, die in dicken Packen an der Oberfläche schwimmen. Trotz des vielen Mülls ist das tiefblaue Wasser besonders klar; an manchen Stellen kann man bis zu 60 Meter in die Tiefe sehen. Aale legen hier ihre Eier ab, Meeresschildkröten verstecken sich unter den Algen und das Plankton gedeiht üppig. Aber die Sargassosee ist unter Seeleuten auch ein gefürchteter, weil gefährlicher Ort, an dem Schiffe jahrhundertelang im Seegras stecken

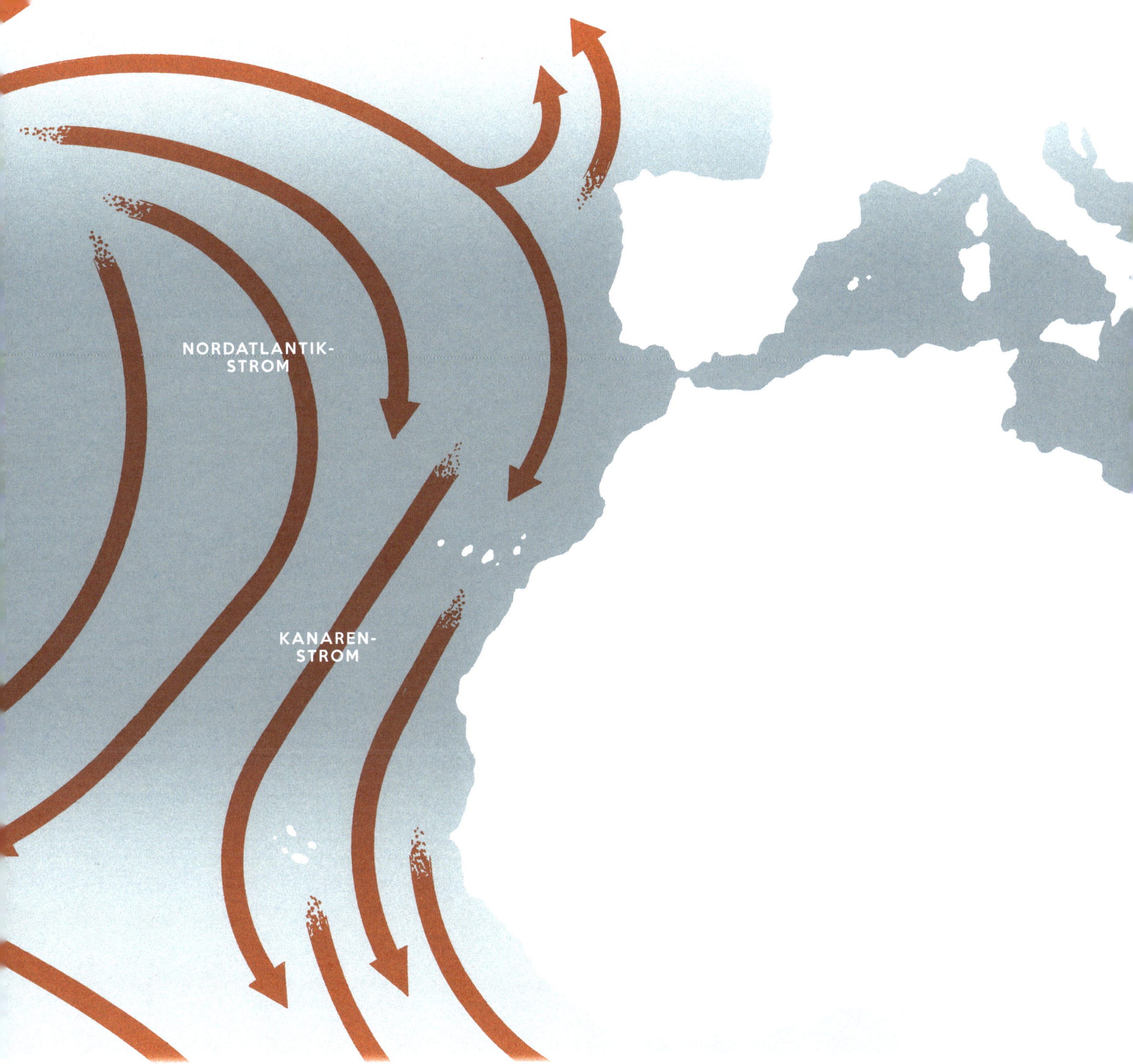

blieben. Piraten und Geheimlogen treiben hier angeblich ihr Unwesen, auch soll es Riesenkrebse geben. Außerdem befindet sich in der Nähe das berühmt-berüchtigte Bermudadreieck. Dieses Dreieck ist ein Seegebiet zwischen Florida, Puerto Rico und der Insel Bermuda. Angeblich verschwinden dort verdächtig viele Schiffe und Flugzeuge. Verschwörungstheoretiker erklären sich dies mit Entführungen durch außerirdische Wesen oder mit der untergegangenen Stadt Atlantis, die irgendwo dort auf dem Meeresgrund liegt. Kritiker und Wissenschaftler tun dies als moderne Märchen ab. Das Gebiet ist eines der verkehrsreichsten der Welt, sodass Unfälle hier einfach häufiger vorkommen. Außerdem bringt der starke Golfstrom die Schiffe oft vom Kurs ab. Und Tropenstürme entstehen hier schnell und ohne große Vorwarnung.

DONALD CROWHURSTS SEGELTÖRN

1968 nahm der Brite Donald Crowhurst gemeinsam mit acht anderen Seglern an dem ehrgeizigen *Golden Globe Race* teil, der ersten Einhandsegelregatta rund um die Welt. Crowhursts Boot, die *Teignmouth Electron*, war ein speziell angefertigter Trimaran – mit drei parallel angeordneten Rümpfen. Doch Crowhurst hatte wenig Glück. Er war unvorbereitet und unerfahren. Und er war der allerletzte Teilnehmer, der in See stach. Er legte einen Fehlstart hin. Sein Boot lief voll Wasser, weil er zu wenig Fahrt aufgenommen hatte und sich die Bolzen lösten. Doch Crowhurst wollte nicht aufgeben. Er beschloss, nur so zu tun, als ob er um die Welt segeln würde, und führte zwei Logbücher, ein echtes und ein imaginäres mit seinen Positionen im Rennen. Als die anderen bereits in Richtung England segelten, dachte er daran, einfach als Letzter zurückzukehren. Denn wenn er auf Sieg segelte,

würde er mit Sicherheit auffliegen. Es folgte Funkstille. Als Crowhurst dann hörte, dass andere Segler aufgrund von Rückschlägen aufgeben mussten und nur noch ein einziger Segler im Rennen war, geriet er in Panik. Denn nun würden seine Logbücher, wenn er siegreich ankäme, sicherlich überprüft werden. Also segelte er noch ein Stück nach Norden. Er wurde zusehends verwirrt und psychisch krank. Schließlich trieb er in der Sargassosee und schrieb unzusammenhängende Texte mit lauter Visionen. Am 10. Juli 1969 wurde die *Teignmouth Electron* gesichtet. Crowhurst war verschwunden. Das beschädigte Boot wurde zur Insel Cayman Brac geschleppt, wo es noch heute vor sich hin rottet. Der britische Segler Robin Knox-Johnston beendete die Segelregatta als Einziger. Das Preisgeld spendete er Crowhursts Familie.

DER FLIEGENDE HOLLÄNDER

Es gibt Schiffe, die unsterblich sind. Der *Fliegende Holländer* ist ein solches Phantomschiff, das nie festmachen kann und dazu verdammt ist, die Weltmeere bis in alle Ewigkeit zu befahren. Die Legende entstand vermutlich im 17. Jahrhundert. Jedem anderen Schiff, das nahe genug heranfuhr, kam eine Schaluppe des *Fliegenden Holländers* entgegen, die stapelweise Briefe für Verwandte transportierte, von denen viele schon Jahrhunderte zuvor gestorben waren. Noch im 19. und 20. Jahrhundert berichteten Seeleute, dass sie bei stürmischem Wetter das Schiff in einem schwachen Licht am Horizont und manchmal sogar am Himmel gesehen hätten. Und das bereitete ihnen Alpträume, denn es bedeutete, dass sie eine schwierige und gefährliche Reise vor sich hatten. Andere behaupten, der *Fliegende Holländer* sei entstanden, weil ein niederländischer Kapitän, ein segeln-

der Holländer, wider besseres Wissen den Hafen verließ, um nach Ostindien zu segeln. Als er am Kap der Guten Hoffnung ankam, bat ihn die Besatzung, zu warten, bis sich ein gefährlicher Sturm gelegt hätte. Der Kapitän lehnte ab, und seitdem lag ein Fluch auf dem Schiff: Die verstorbenen Besatzungsmitglieder mussten ihren Dienst für immer verrichten und ihr Schiff sollte nie wieder Land erreichen. Der *Fliegende Holländer* ist nach wie vor ein bekannter Mythos, der auch in modernen Geschichten aufgegriffen wird. Hin und wieder tauchen auch heute noch echte Geisterschiffe auf, die ziellos umhertreiben. Sie sind manchmal in recht gutem Zustand, aber von den Besatzungsmitgliedern fehlt jede Spur. Doch manchmal bei Stürmen wird ein Matrose an Land gespült.

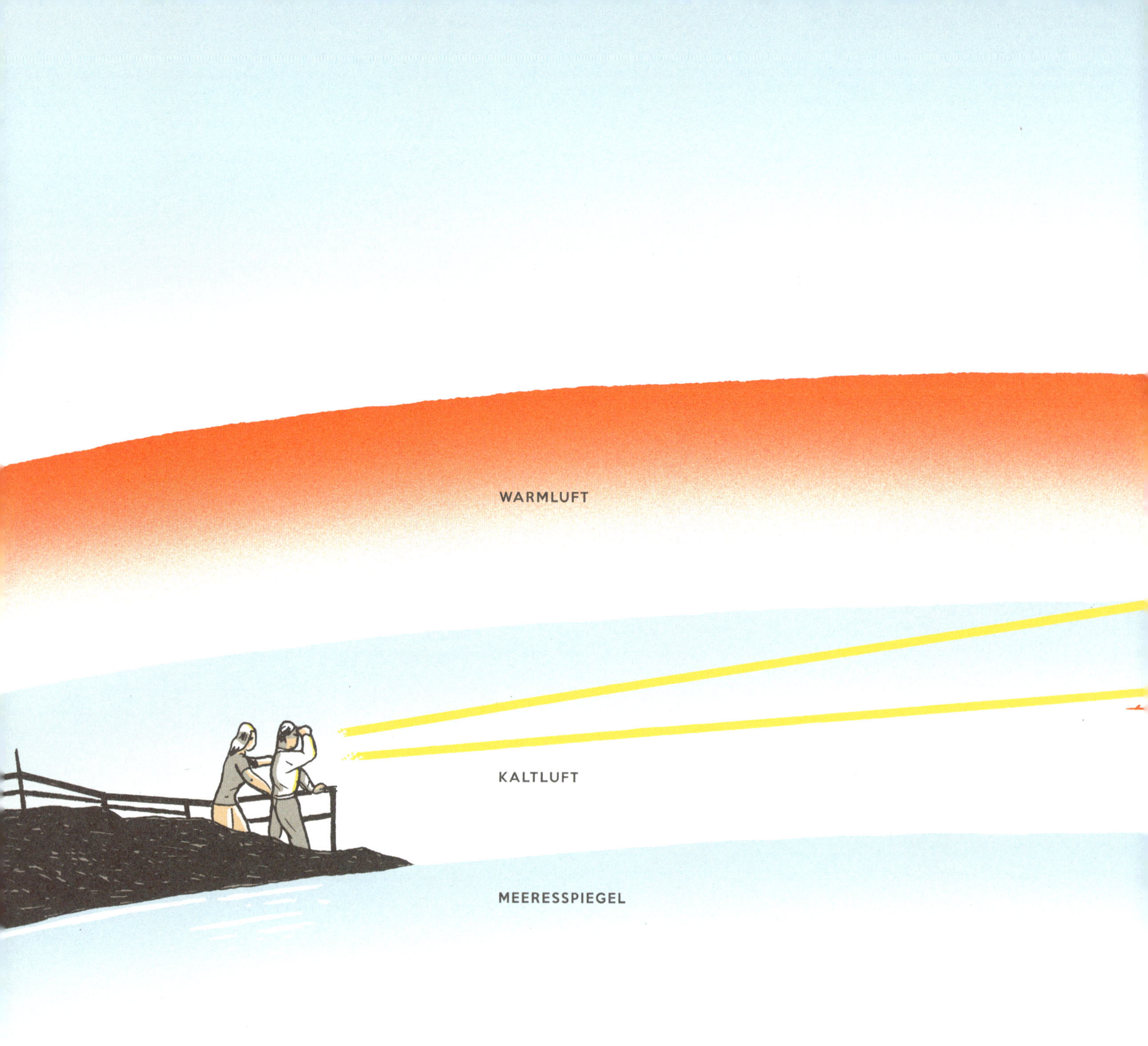

LOOMING

Verängstigte Besatzungsmitglieder sahen den *Fliegenden Holländer* am Kap der Guten Hoffnung, manchmal flog er sogar als Geisterschiff kopfüber am Horizont. Es klingt abwegig, doch es gibt ein physikalisches Phänomen, das zu einer solchen optischen Täuschung führen kann: Das »Looming«, ein ähnliches Phänomen wie die Luftspiegelung. Wenn Sonnenlicht auf ein Schiff trifft, reflektiert es das Licht direkt in den Augapfel, sodass man das Schiff sieht. Über dem kalten Meerwasser hängt oft eine warme Luftschicht. Doch je näher man dem Meer kommt, desto kälter wird die Luft. Und je kälter die Luft wird, desto höher ist ihre Dichte. Kalte Luftpartikel bewegen sich viel weniger und verbrauchen weniger Platz.

Kalte und damit dichte Luft bricht das Licht stärker als warme Luft. Das Bild des Schiffs, das sich vor dem Auge spiegelt, krümmt sich mit der Krümmung der Erde. Dadurch scheinen Geisterschiffe viel höher in den wärmeren Luftschichten zu

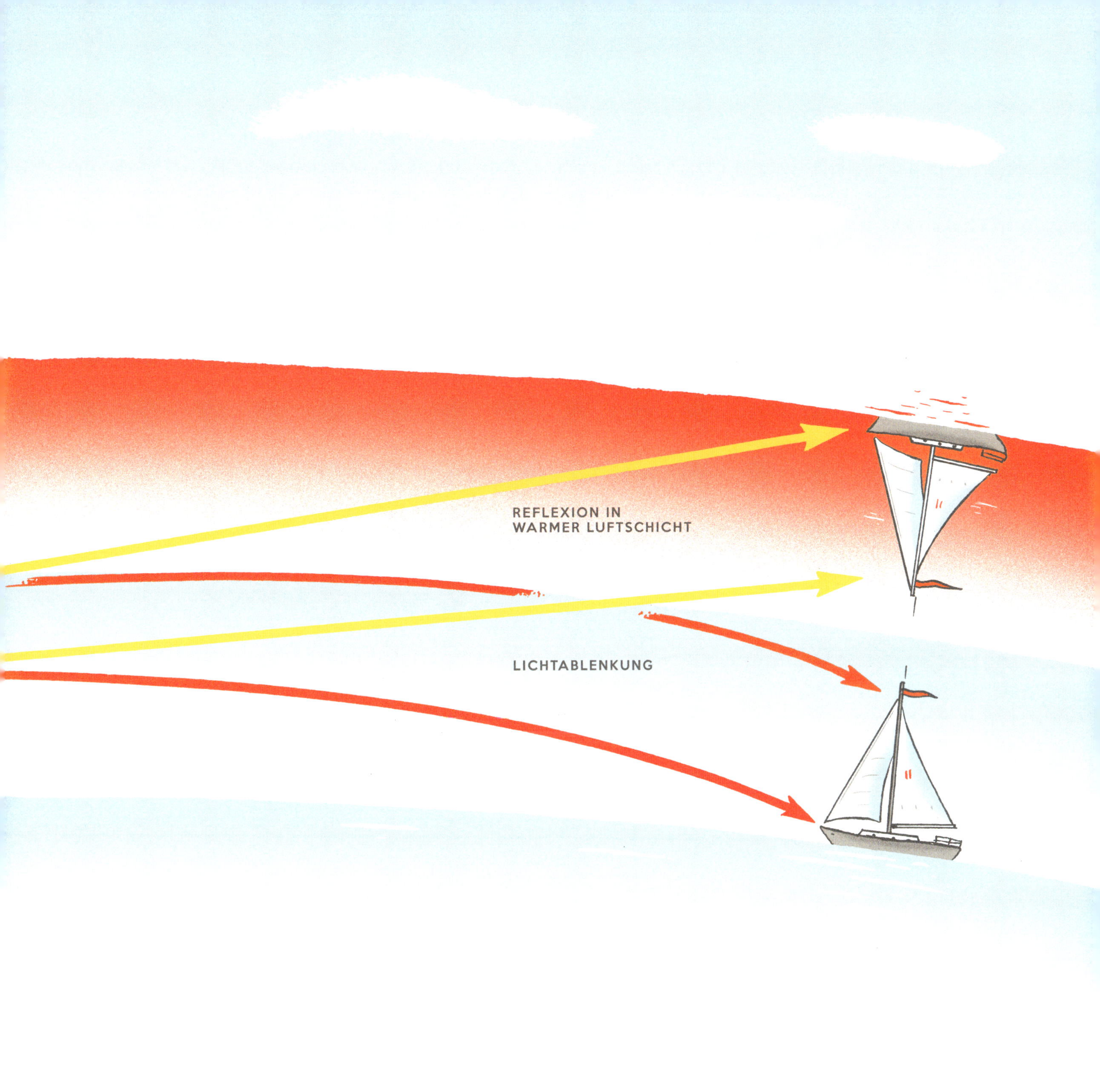

»fliegen«, weit weg vom kalten Wasser. Je größer der Temperaturunterschied ist, desto stärker ist die Wirkung. Schiffe, die eigentlich hinter dem Horizont liegen, sind manchmal noch zu sehen. Manche von ihnen »fliegen« sogar auf dem Kopf.
Das passiert dann, wenn man am Himmel ein Schiff über dem Wasser sieht und man sich selbst tief genug an der Küste unter der wärmeren Luftschicht befindet. Dann stellt sich das Bild auf den Kopf.

Das Looming-Prinzip gilt auch für die Sonne. Man kann den Sonnenuntergang am Meer noch einige Minuten länger genießen, auch wenn die Sonne bereits hinter dem Horizont verschwunden ist. Und nach der Lektüre dieses Buches wirst du das hoffentlich möglichst oft tun.

MUSEEN ZUM THEMA SCHIFFFAHRT

Deutschland:

DEUTSCHES SCHIFFFAHRTSMUSEUM
Hans-Scharoun-Platz 1
27568 Bremerhaven
www.dsm.museum

DEUTSCHES MUSEUM
Dauerausstellung Schifffahrt
Museumsinsel 1
80538 München
www.deutsches-museum.de

DEUTSCHES TECHNIKMUSEUM BERLIN
Dauerausstellung »Lebenswelt Schiff«
Trebbiner Straße 9
10963 Berlin
www.technikmuseum.berlin

INTERNATIONALES MARITIMES MUSEUM HAMBURG
Kaispeicher B
Koreastraße 1
20457 Hamburg
www.imm-hamburg.de

STIFTUNG HISTORISCHE MUSEEN HAMBURG
Altonaer Museum
Dauerausstellung Historische Schifffahrt
Museumstraße 23
22765 Hamburg

DEUTSCHES HAFENMUSEUM (IM AUFBAU)
Kopfbau des Schuppens 50A
Australiastraße
20457 Hamburg

SCHIFFFAHRTSMUSEUM ROSTOCK
Schmarl-Dorf 40
18106 Rostock
www.schifffahrtsmuseum-rostock.de

FLENSBURGER SCHIFFFAHRTSMUSEUM
Schiffbrücke 39
24939 Flensburg
www.schifffahrtsmuseum-flensburg.de

KIELER STADT- UND SCHIFFFAHRTSMUSEUM
Wall 65
24103 Kiel
www.kiel.de/de/kultur_freizeit/museum

MUSEUM DER DEUTSCHEN BINNENSCHIFFFAHRT
Apostelstraße 84
47119 Duisburg
www.binnenschifffahrtsmuseum.de

VERKEHRSMUSEUM DRESDEN
DAUERAUSSTELLUNG SCHIFFFAHRT
Im Johanneum am Neumarkt
Augustusstraße 1
01067 Dresden
www.verkehrsmuseum-dresden.de

MUSEUM FÜR ANTIKE SCHIFFFAHRT DES RÖMISCH-GERMANISCHEN ZENTRALMUSEUMS
Neutorstraße 2b
55116 Mainz
web.rgzm.de/museen/museum-fuer-antike-schifffahrt-mainz/

Österreich:

SCHIFFFAHRTSMUSEUM SPITZ
Auf der Wehr 21
A-3620 Spitz/Donau
www.schifffahrtsmuseum-spitz.at

OBERÖSTERREICHISCHES SCHIFFFAHRTSMUSEUM
Greinburg 1
A-4360 Grein
www.schloss-greinburg.at/ausstellungen-museum

Schweiz:

VERKEHRSDREHSCHEIBE SCHWEIZ
Basler Hafenmuseum
Westquaistrasse 2
CH-4057 Basel
www.hafenmuseum.ch

SEEMUSEUM KREUZLINGEN
Seeweg 3
CH-8280 Kreuzlingen
www.seemuseum.ch

QUELLEN

Beeldenencyclopedie van de scheepvaart, Baarn 1989

Calvert, J., Surface at the Pole: The Extraordinary Voyages of the USS Skate, New York 1960

Fontenoy, P., Submarines: An Illustrated History of Their Impact, Santa Barbara 2007

McLeavy, R., Jane's Pocket Book of Hovercraft and Hydrofoils, Essex 1980

Palmer, M., Eddystone: The Finger of Light, Plymouth 1980

Time Life editors, Library of Boating, New York 1976

Tomalin, N., Hall, R., De laatste reis van Donald Crowhurst, Bussum 1970

Yardley, I., Ninety Seconds at Zeebrugge: The Herald of Free Enterprise Story, Cheltenham 2014

www.bbc.com/earth/story/20141212-quest-for-the-real-life-kraken

www.cobrera-yacht-consulting.com

www.esa.int/Space_in_Member_States/Belgium_-_Nederlands/ESA-kaart_toont_Europese_scheepvaartroutes

www.hakaimagazine.com/videos-visuals/the-secret-language-of-ships

www.inventaris.onroerenderfgoed.be/erfgoedobjecten/99160

www.researchgate.net/publication/315117052_The_Magnus_Effect_and_the_Flettner_Rotor_Potential_Application_for_Future_Oceanic_Shipping

www.ss-delphine.cruises

DANK

Mein Dank gilt Emmanuel R. Ruet von Vintage Cruises für die Informationen über die *SS Delphine*, den Brüdern Piet und Staf Wittevrongel für ihre herzliche und begeisternde Führung auf der Werft der *Askoy II* in Zeebrügge, Kapitän Gaëtan Motmans von der *RV Belgica* für die sorgfältige Schiffsinformation und Jan Briek, Konservator des Maritiem Museum Rotterdam, für die fachliche Durchsicht meines Manuskripts.

Der Gerstenberg Verlag dankt Bernd Wecker, Diplom-Nautiker, Deutsches Schifffahrtsmuseum Bremerhaven, für die fachliche Durchsicht.

BIOGRAFIE

Jan Van Der Veken hat Design und Typografie an der Sint-Lucas-School of Architecture in Gent studiert. Er betreibt sein eigenes Design-Studio, Fabrica grafica, und hat sich mit seinem retro-futuristischen Stil auch international als neues aufregendes Talent einen Namen gemacht. Seine Arbeiten waren und sind im In- und Ausland in zahlreichen Ausstellungen zu sehen, in Zeitungen und Zeitschriften wie *The New Yorker* und auf Plakaten abgedruckt. 2013 erschien bei Gestalten in Deutschland seine erste Monografie. 2016 erhielt er den *Cultuurprijs* seiner Heimatstadt Gent.

Weitere spannende Sachbücher
findest du auf unserer Homepage
www.gerstenberg-verlag.de.

Die Originalausgabe erschien 2021 unter dem Titel
Het Boetenboek
bei Uitgeverij Lannoo

www.lannoo.com

Übersetzung: Birgit Erdmann, Berlin
Printed in Poland
www.gerstenberg-verlag.de

ISBN 978-3-8369-6162-2

MIX
Papier aus verantwortungsvollen Quellen
FSC® C018236